Collana Paceinsieme...
alle radici dell'erba

Gabriella Falcicchio

L'ATTO ATOMICO DELLA NONVIOLENZA

Relazioni, stili di vita, educazione: Aldo Capitini e la tradizione nonviolenta

edizioni la meridiana

Via Sergio Fontana, 10/C – 70056 Molfetta (BA) – tel. 080/3971945
www.lameridiana.it
info@lameridiana.it

In foto, Aldo Capitini e il piccolo Riccardo Piergallini ritratti il 4 ottobre 1966 durante la Marcia "contro tutte le guerre, contro il terrorismo e la tortura" da Santa Maria degli Angeli ad Assisi. La foto è conservata presso la Biblioteca San Matteo degli Armeni di Perugia, che ospita un'ampia collezione di testi e materiali sui temi della nonviolenza e della pace, compresa la biblioteca personale di Aldo Capitini.

ISBN 978-88-6153-896-2

A
Piero Pinna
Lanfranco Mencaroni
Nanni Salio
Fulvio Cesare Manara
Alberto L'Abate
Luciano Capitini
Monia Andreani
Sandro Canestrini
Anna Bravo
Grazia Honegger Fresco
Lidia Menapace
Marco Baleani
Luca Buzzi
Roberto Cucchini

nella compresenza dei morti e dei viventi

Indice

Introduzione e ringraziamenti

Dopo circa 13 anni dalla mia prima monografia su Aldo Capitini, mi accingo a ritornare su nonviolenza ed educazione partendo da lui, dal suo pensiero, dalla sua vita. Le ragioni principali di questa iniziativa risiedono nella passione con cui, nel tempo, lo studio del pensiero e dell'azione profondamente trasformatrice di Aldo Capitini è stato accolto da studentesse e studenti dei miei corsi universitari a Bari. Il loro entusiasmo ha tenuto vivo il mio, impedendomi di cedere allo sconforto, ogni volta riportandomi a celebrare la *luce del mattino* che si leva dall'inquietudine. A loro va il mio grazie più tenero, da sola non sarei riuscita ad ancorarmi alla persuasione della nonviolenza.

Capitini resta un autore scomodo e per questo poco noto. Nei licei, con qualche eccezione nell'ambito delle scienze umane, è sconosciuto; nelle università pochissime persone lo nominano. Le giovani generazioni, invece, esprimono gratitudine e appassionamento quando gli si avvicinano e, come è sempre quando ci si lascia toccare da chi ha incarnato un ideale, se ne innamorano. Privarle di questo immenso patrimonio culturale (peraltro tutto italiano) di cui dovremmo andar fieri e dello slancio che è capace di attivare con la *forza atomica della nonviolenza*[1], è un peccato mortale della formazione. Oggi più che mai le/i giovani ci

[1] Chi legge incontrerà nel testo parole ed espressioni in corsivo, che, eccezion fatta per i termini di altre lingue, fanno capo al variegato e originale lessico capitiniano. Non si è voluta introdurre una nota bibliografica per ciascuna espressione, sia perché spesso si tratta di ricorrenze frequenti nei suoi testi, sia per costruire nella mente di chi legge una sorta di vocabolario facilmente riconoscibile.

chiedono senso, ancoraggi solidi in un mondo che fluttua e dematerializzandosi viene percepito come meno tangibile, meno reale; chiedono ragioni e passioni per continuare a dire sì, per diventar forti e dire no; aperture cristalline che nutrano la fiducia e diano energia al passo in questo breve viaggio che facciamo sulla terra. Portare a loro Capitini, insieme agli uomini e alle donne che hanno vissuto cercando di concretizzare ideali di giustizia, equità, accoglienza, apertura amorevole a tutti gli esseri, non è solo un'opzione tra le tante, ma, almeno per me, un impegno educativo e formativo, politico, umano, che oggi, mentre il pianeta resta inascoltato dai più nel suo grido di aiuto, sento essenziale. Un impegno gioioso, allegramente festoso e partecipe del *canto corale* della nonviolenza.

In questo libro sono compresenti, infatti, tanti umani che mi hanno costruito come persona: i riferimenti bibliografici (incompleti, insufficienti, parziali e quindi felicemente aperti ad aggiunte sempre maggiori) non sono solo libri a cui ho attinto, ma anche mattoni di un edificio di civiltà in cui credo profondamente. Sono opere di esseri umani con una storia culturale e scientifica di grande coraggio e per questo (o per una diretta partecipazione agli eventi politici) attivisti incuneati nelle pieghe dell'evoluzione della nostra specie così complicata, così esperta nella distruzione. Essi hanno iniziato a scrivere un'altra narrazione attraverso parole e azioni sublimi, che oggi rappresentano per noi declinazioni preziosissime della speranza attiva: cooperazione, coevoluzione, simbiosi. Come ci dice Giuliano Pontara, infatti, "si può scoprire che molte tesi sostenute nell'ambito di un 'pensiero nonviolento' o di una 'dottrina nonviolenta', o di un 'discorso della nonviolenza' sono comuni ad altri pensieri, ad altre dottrine, ad altri discorsi, e magari anche meglio sviluppate in essi"[2]. Un aspetto, questo, che non solo non toglie alcun valore al pensiero esplicitamente nonviolento,

[2] Pontara, 2008, p. 2.

ma dimostra vieppiù che esiste nel mondo un'anima nonviolenta che da sempre lo abita e non cessa di palpitare dal fondo carsico della storia. Essa rappresenta una "forza più potente" della violenza, perché genera invece che distruggere, dà la nascita e moltiplica, invece di dimezzare e dare la morte. Capitini, poco dopo la fine della seconda guerra mondiale, con la sua abituale raffinatezza linguistica e lessicale che sa allacciare poesia e storia, usa l'aggettivo, così traumatico, così scioccante – anche per la vicinanza temporale al più devastante evento bellico della storia umana – di *atomico*, ma sa ribaltarlo lasciandoci spiazzati e restituendo a una forza naturale, quella dell'incontro tra gli atomi, il valore che gli è proprio e che non è in sé di distruzione. Sono gli umani ad aver piegato una potentissima forza naturale allo scopo dell'annientamento: usare la stessa parola per indicare la nonviolenza, sottrae all'energia nucleare il significato bellico e offre alla nonviolenza una metafora capovolta di enorme misura:

> *nell'alternativa tra questa realtà che è così insufficiente e svogliata a raggiungere la realtà ideale, e una realtà in cui amore e libertà coincidano perfettamente nell'affettuoso appello all'altrui libertà di decidere, l'atto della nonviolenza sceglie senz'altro di anticipare questa realtà, di farla vivere, di iniziarla con assoluta fedeltà, togliendo di colpo la distanza del mezzo dal fine. È l'annuncio puro del fine; l'atto di persuasione che supera le distinzioni e lo spazio riservato al "diritto", l'impazienza di vivere il sacro, la diversa atmosfera della diversa realtà: bisognerà pure che scoppi in questa realtà inadeguata l'atto adeguato, l'atto atomico della nonviolenza.*[3]

La tradizione nonviolenta, nutrendosi di antiche spiritualità, ha anticipato quanto oggi, non senza fatica, si fa strada anche come pensiero scientifico e può, in virtù di questa preziosa sinergia, sostenere più efficacemente il passaggio verso una cultura rinnovata, offrendo un alveo ca-

[3] Capitini, 1948, pp. 68-69.

pace di raccordare i contributi che vengono da molteplici campi del sapere e dell'azione. Questo movimento si fonda sul riconoscimento della connessione tra tutti gli esseri e sulla cooperazione come leggi fondamentali del sistema vivente, di Gaia[4], entità complessa che funziona come una rete le cui parti non possono né isolarsi né decidere da sé i propri codici, ignorando l'effetto che ogni azione, movimento, processo genera in tutto il sistema. Le narrazioni più antiche sulla "caduta", i miti dell'esilio dall'Eden, il concetto greco di *hybris* per millenni, raccontandoci del nostro allontanamento dalle leggi di Gaia, ci hanno messo in guardia da noi stessi, mostrandoci di quanta devastazione siamo capaci. Oggi siamo in cammino verso una storia diversa e la nonviolenza riesce ad abbracciare i migliori contributi in termini di pensiero e di esperienze che gli umani hanno prodotto per ricongiungersi al nucleo generativo della vita: un pensiero ricco e aperto, fertile, inventivo, e per questo gioioso e festivo, anche quando riflette sulla violenza e la sofferenza che abitano il mondo; esperienze realizzate e in corso, con una storia appassionante, tutta da esplorare, che parla il linguaggio concreto, vicino, feriale di una nonviolenza non utopica o destinata ad anime elette, ma realizzabile da tutti, ora, qui. Capace di fecondare il "terribile quotidiano"[5].

Lo strumento più naturale e più umano per farlo è l'educazione, che sarà nel volume il cardine intorno a cui è possibile raccogliere e rilanciare i vettori del cambiamento in corso, la lente per osservarli, il faro che permette di intravedere l'orizzonte, il quale non può che attraversare le generazioni e avere a cuore i figli dei nostri figli, i nipoti dei nostri nipoti.

In virtù di tutto questo, il volume è intimamente corale, scritto da tante voci, di cui sento di essere un'umile messag-

[4] Lovelock, 2021; Margulis, 1998.
[5] Bello, 1993, p. 11.

gera e verso cui provo gratitudine. Oltre ai riferimenti culturali e morali di cui è costellato il libro, voglio ringraziare le tante persone che negli anni mi hanno accompagnato, le sento tutte compartecipi e presenti, hanno nutrito la mia fiducia, non mi hanno lasciato sola e senza il loro – talora inconsapevole – incoraggiamento non sarei qui: Maria Picciariello, Maria Scarola, Aloisius Viscanti, Felice Abatista, Giacomo Segreto, Mimma Bruno, Rosa Pascale, insegnanti amatissimi; Daniele Taurino, fratello e amico per la pelle; Elèna, Daniele, Alessandro e tutta la squadra fiumicinese; Giuseppe Barbiero, Gianni Sofri, Fulvio Cesare Manara, Gianni Scotto, Giuseppe Moscati, Vittorio Venturi, Mao Valpiana, Massimiliano Pilati, Elena Buccoliero, Daniele Lugli, Rocco ed Enrico Pompeo, Caterina Del Torto, Caterina Bianciardi, Piercarlo Racca, Mauro Biani, Nicola Canestrini, Gabriele De Veris, Edi Rabini, Rosa Ferro, Mario Chiechi, Eugenio Scardaccione, Corrado Debenedittis, Silvia Barile, Furio Semerari; Mariateresa, Teresa, Beni, Angela, presenze di una vita; Francesco, Maria Lucia, Silvia, Nicla, Ketty, Giovanna, Michelina, Silvana, Lucio, Benny, Vito Rocco, Sara, Nicola e Michela, Marzia, Margherita, Francesca, Lucia, Nietta, Vince. Pipina, Romeo, Ginevra, Alessandro e Sofia, ora giovane e robusto alberello di mandorlo. Un grazie speciale va ad Elvira Zaccagnino e a tutto lo staff de la meridiana per la fiducia, l'amicizia e per il loro generoso progetto editoriale e formativo.

Voglio scusarmi per l'uso pervasivo del maschile, ho provato a cercare alternative. All'inizio e alla fine del libro ho utilizzato il più possibile maschile e femminile, ho sistematicamente sostituito "uomo" con "essere umano", ho cercato locuzioni e parafrasi (come "chi educa" al posto di "educatore"), ma, scartando asterisco e schwa, mi rendo conto che è ancora faticoso, sia per chi scrive che per chi legge, aprire il maschile alle differenze. Anche nel linguaggio abbiamo bisogno di generare cambiamenti nonviolenti, la strada è aperta.

Parte Prima
Pensiero e azione per il cambiamento

Chi ritiene che tutto sia perfetto nell'umanità-società-realtà, ci pensi. Ma un punto sia chiaro: che le difficoltà non impediscono di cominciare, di farsi centro di nonviolenza. Ogni musica ha cominciato, prima di aspettare che tutti ascoltassero; ognuno che è innamorato, non aspetta che tutti quanti si innamorino.

Aldo Capitini

Io non accetto!

Aldo Capitini (1899-1968) rappresenta una figura molto originale nel panorama culturale italiano ed europeo. Vissuto in quel tumultuoso crocevia che, partorendosi dall'Ottocento, dà la nascita alla contemporaneità nel segno dei totalitarismi e delle due guerre mondiali, viaggia instancabilmente, avvia contatti, scrive centinaia di lettere, organizza, mette in relazione persone dei luoghi più disparati, crea legami e ampie solidarietà. Gli epiteti di *viaggiatore leggero* e di *costruttore di ponti*, nella seconda metà del '900 attribuiti a un altro grandissimo testimone di nonviolenza, Alexander Langer (1946-1995), sono del tutto congeniali anche ad Aldo. Capitini è un cardine nel traghettamento di ideali dalla loro gestazione nel XIX secolo verso quella temperie storica impregnata di lotte per i diritti che saranno gli anni '60 e '70 del XX, dei quali egli non vedrà che un lembo, ma di cui intuirà la natura e che avrà contribuito indirettamente ad alimentare.

Nonostante questo ruolo di perno, Capitini, per la sua incollocabilità e scomodità, resta sconosciuto ai più e, quando è noto, rimane più nominato che studiato. Men che meno concretizzato nella quotidianità educativa. La produzione pedagogica, infatti, nonostante l'interesse di un nucleo di studiose/i[1], viene abitualmente considerata meno centrale rispetto a quella filosofica e all'impegno sociale nonviolento.

[1] Ricordo qui M. Catarci, G. Mannu, G. Moscati, T. Pironi, M. Pomi, L. Romano, C. Secci, D. Taurino, A. Vigilante, chi scrive.

Egli, di formazione filosofica e classica[2], rientra nel mondo accademico solo nel 1956, dopo decenni di più o meno velato ostracismo, come docente di Pedagogia a Cagliari. La posizione geografica, l'età avanzata e la disciplina parlano chiaro della volontà di tenere quest'uomo dalla parola appassionata e forte ai margini di un mondo culturale già messo alla prova dalla sua capacità di dissenso. Capitini aveva preferito nel 1933 lasciare l'impiego di segretario alla Normale di Pisa, diretta allora da Giovanni Gentile, pur di non piegarsi al fascismo. Era stato arrestato più volte per la sua attività in aperto contrasto con il regime e pure rimaneva lo scomodo assertore di un antifascismo senza armi né sangue. Aveva infatti preso le distanze dal Partito d'Azione, che pure aveva contribuito a costituire, cercando di proporre un metodo nonviolento di liberazione dal fascismo. Dichiarerà:

> *io mi tenni lontano da ciò che era esaltazione della Resistenza armata, deciso a non partecipare nemmeno ai congressi sul tema, perché non volevo né criticare ciò che gli altri avevano fatto con tanto coraggio ed eroismo, né perdere quella doverosa affermazione che mi toccava, di un metodo diverso, del sogno che gli Italiani si liberassero da sé dal fascismo con un'eroica noncollaborazione e disobbedienza civile.*[3]

Dopo appena un mese dalla liberazione di Perugia, fonderà il primo COS (Centro di Orientamento Sociale), dove avviare esperimenti di libertà e democrazia dal basso.

Nel 1956 Capitini viene messo all'indice dal Sant'Uffizio per *Religione aperta*. Clara Cutini lo definisce "schedato politico"[4], a evidenziare come Capitini sia stato sempre te-

[2] Capitini si diploma presso un istituto tecnico, solo più tardi inizierà gli studi umanistici, che lo condurranno nel 1924 ad ottenere privatamente il diploma di liceo classico. Entrato alla Normale di Pisa come borsista, si laureerà in Lettere e Filosofia nel 1928 e ne diventerà segretario.

[3] Capitini, 1966a, p. 140.

[4] Cutini, 1988.

nuto sotto controllo, osservato fino all'ultimo giorno della sua vita, in una "riservata e prolungata vigilanza"[5], senza soluzione di continuità tra il regime fascista e la neonata repubblica. Insomma, per le istituzioni come per chi lo conosceva, valeva quel che l'amico Guido Calogero ha scritto in sua memoria: "agli occhi delle persone di buon senso, l'atteggiamento di Capitini era spiacevolmente anormale"[6], e non solo perché aveva espresso più volte la sua posizione dissonante, le sue "idee da squinternato"[7], ma anche perché la sua *persuasione*[8] era talmente profonda ed estesa da suscitare fastidio.

Anche da un punto di vista culturale Capitini è singolare. Uomo coltissimo e pure non sistematico; pignolo nell'analisi di testi, posizioni, idee; spesso i suoi libri sono raccolte di testi già scritti, articoli e saggi riuniti in un discorso che, come in *Educazione aperta*[9], è il lettore a dover unificare, tenendo insieme ogni opera, senza barriere disciplinari o di contenuto. Usa la parola "religioso" per qualificare l'intera sua *Weltanschauung*, ma viene annoverato tra i laici. Parla con vigore, passione, carisma, ma scrive in modo non immediatamente comprensibile, non per mancanza di *claritas* espositiva, quanto per il vocabolario originale con il quale bisogna prendere confidenza, e la stessa idea di *compresenza* risulta difficile da cogliere, soprattutto a chi le si accosti con il solo intelletto.

Quando ottiene la cattedra di Pedagogia, aveva già

[5] Moscati, in Maori, Moscati, 2014, pp. 21 e segg.

[6] Calogero, 1972, p. 114.

[7] Il testo intero della dichiarazione di un maresciallo di Pubblica Sicurezza di Perugia nel 1949 riporta: [Capitini è] "elemento 'sinistroide' contrario alla guerra [...] spietato critico della religione cattolica", che "non gode buona estimazione nel pubblico per le sue idee da squinternato" (Cutini, 1988, pp. 185-186).

[8] A proposito del concetto di persuasione, che Capitini mutua da Carlo Michelstaedter, v. la ricostruzione dell'intero percorso filosofico compiuta da Bobbio, 1984, pp. 239-260. All'approfondimento di questo concetto hanno dedicato i loro scritti anche Taurino, 2014 e Putignano, 2015.

[9] Capitini, 1967a; 1968b.

scritto due saggi sull'educazione, *L'atto di educare* e *Il fanciullo nella liberazione dell'uomo*[10], ed era intervenuto più volte su questioni di politica educativa. L'educazione era da sempre nei suoi interessi, come lo era ogni aspetto della vita pratica, e certamente la collocazione disciplinare universitaria valorizzava l'impegno di mantenere unite azioni e idee. In questa tensione unificante e trasformativa, interagisce con altre personalità di grande spicco, come Lamberto Borghi, Lucio Lombardo Radice, Aldo Visalberghi[11] e, tra i più noti, Danilo Dolci e don Lorenzo Milani. Capitini scrisse una commossa e solidale lettera a Dolci in occasione del suo primo digiuno a Trappeto, dopo la quale seguì il suo lavoro in Sicilia, dedicandogli due saggi[12], mantenendo per tutta la vita una regolare corrispondenza con lui[13], sostenendo in Sardegna la nascita di un *Comitato di ricerca per la piena occupazione* che si ispirasse al suo lavoro siciliano. Quanto a don Milani, lo conoscerà di persona solo nel 1960, dopo avergli scritto in occasione della pubblicazione di *Esperienze pastorali*. Con il sacerdote di Barbiana e i suoi ragazzi, discuterà di nonviolenza e obiezione di coscienza, e insieme progetteranno la nascita del "Giornale Scuola", iniziativa dedicata a quanti, soprattutto operai, non avevano un'alfabetizzazione sufficiente a leggere i quotidiani. Sarà pubblicato solo in quattro numeri.

A Danilo Dolci dobbiamo anche uno dei più efficaci ritratti di Capitini

[10] *Ivi*, 1951b; 1953.

[11] Tra gli altri: Dina Bertoni Jovine, Raffaele Laporta, Mario Alighiero Manacorda, ecc.

[12] Capitini, 1956c; 1958; ma anche 1956a.

[13] Capitini, Dolci, 2008.

basso ma [che] vedeva lontano,
impacciato a camminare
ma enormemente libero e attivo,
concentrato
ma aperto alla vita di tutti
non ammazzava una mosca
ma era veramente un rivoluzionario
miope ma profeta.[14]

Instancabile e attivissimo, si muove, va incontro alla realtà; la setaccia senza perdere la sua lucidità intellettuale e la fortissima carica umana, la critica, ne propone il cambiamento e ancora una volta si mette in cammino – una metafora e una pratica frequenti – verso la realizzazione pratica delle sue idee. Capitini meraviglia per l'integrità della sua condotta, che non solo è coerente col suo pensiero, ma è animata dalla tensione a trovare nella quotidianità traduzione continua e instancabile di pensiero in azione.

Ma è vero forse soprattutto il movimento inverso, dall'esperienza alla riflessione, una riflessione continua, acuta, mai doma, che intende sviluppare in puntualizzazioni e ampliamenti aspetti sentiti come mai sufficientemente indagati, un fare teoria che risulta, come dirà egli stesso, "illuminato" dal concreto fare quotidiano.

Come vita e pensiero non procedono mai separate, altre direttrici si svolgono intrecciate: il dissenso non si separa mai dall'elaborazione del nuovo e dalla ricerca di modalità trasformative; la critica si accompagna alla creatività; il disagio e il dramma stanno con la speranza e la fiducia.

Come in tutta la tradizione nonviolenta, pensiero e azioni capitiniane vorranno tenere congiunti fini e mezzi, due termini separati da un machiavellismo che ha offerto facile giustificazione alla violenza. Essi devono ricominciare a camminare uniti, poiché in quella riunificazione ha sede il

[14] È questa l'ultima parte della poesia di D. Dolci in omaggio a Capitini, in occasione della sua morte. Fa parte del ciclo *Sopra questo frammento di galassia*, in Dolci, 1974, pp. 187-188, poi riedita in Dolci, 1979, p. 92.

germe della *tramutazione*. Questa parola originale indica il cambiamento che incide finanche sulla struttura stessa della realtà, sulla sua essenza, sulla sua natura e impalcatura, sul suo dna, in una sorta di marcatura epigenetica della storia.

In modo analogo, dimensione individuale e sociale sono inseparabili, poiché il cammino di liberazione inizia con la consapevolezza profonda della partecipazione di tutti alla produzione del valore e alla *realtà liberata*. Se l'individuo è *centro* vitale di iniziative, soggetto intimamente implicato nella scoperta religiosa dell'altro, del suo valore infinito, egli non ha statuto senza gli altri, tutti gli altri. L'*apertura* è azione che va incontro all'altro e l'altro non è uno, non si incarna in pochi, ma è ogni altro venuto alla vita. È in questo circolo, tra singolo e tutti, che appare necessario rivedere i fondamenti di ogni convivenza possibile nel segno dell'*apertura al tu di tutti*. Nell'epoca delle *moltitudini*, a Capitini andrà stretta persino la democrazia, ancora troppo chiusa per essere liberante, ed egli guarderà all'orizzonte dell'*omnicrazia*. *Tutti* diventa così parola sacra per eccellenza.

L'intera pedagogia di Capitini appare essere dunque pedagogia del dissenso e dell'apertura e, poiché la preoccupazione educativa si traduce nel compito permanente di invenzione del futuro, comprendiamo la frequenza dell'espressione *non basta*, così come di *nessuno escluso*, sintesi della filosofia della compresenza. Esse descrivono l'atteggiamento di Capitini verso la *realtà com'essa è*: non basta, perché ancora esclude. Non basta quello che si presenta quotidianamente sotto gli occhi, poiché rimane insufficiente, affetto dal limite, dalla violenza, dalla morte. Ma non basta neppure ogni passo in avanti compiuto dalla persona che si pone in ricerca di risposte, poiché ognuna di esse chiede nuove aperture e nuove aggiunte, ampliamenti continui di un orizzonte infinito. Lo sguardo che si coglie negli occhi di Capitini è dunque lunghissimo: bisogna valicare gli ostacoli dell'oggi, ma, per scorgere la vastità dell'orizzonte della liberazione, occorre soffermarsi sui limiti del *pas-*

sato-presente, setacciarlo con precisione chirurgica, conoscerne le pieghe e avere il coraggio di portare nel dibattito pubblico quel che si tende a non vedere, a nascondere. È necessario osare, spingersi più in là, *profeticamente*. Con il suo sguardo Aldo è riuscito a interpretare esigenze che solo dopo sono apparse più chiare, a prefigurare scenari di cui oggi si discute ampiamente, a evidenziare pericoli nell'educazione che appaiono ancora presenti.

La forza di questo pensiero è nella sua apertura e nella *persuasione* di chi ha vissuto profondamente un'esperienza autenticamente trasformativa e invita gli altri alla condivisione dello stesso convincimento, lasciandosi innamorare. Ed è anche nell'aver abbracciato nell'orizzonte di questa intima e profonda convinzione – che è convinzione di *unità-amore* – tutti gli *esseri venuti alla vita*, ogni forma vivente, nessuna esclusa.

Che non si escluda mai nessuno: la teoria della compresenza

La teoria della compresenza, rappresenta la cornice entro la quale tutto il pensiero capitiniano trova collocazione. Sintetizzata in modo molto efficace in uno dei capitoli iniziali di *Educazione Aperta*[15], ad essa aveva dedicato l'opera più organica, *La compresenza dei morti e dei viventi*, uscito nel 1966 per il Saggiatore[16].

Compresenza è la parola che abbraccia l'intera filosofia di Aldo Capitini; tema "conclusivo", sostiene Norberto Bobbio[17], perché rappresenta l'orizzonte ultimo, escatologico, del percorso umano, mai raggiunto e pure esperibile quotidianamente, *come se* fosse già realizzato. Esperibile, dunque. Essa infatti è intesa non come concetto, cosa pensabile, ma come realtà che "c'è, ma non se ne può parlare fuori dall'apertura"[18]. Essa non è oggetto di conoscenza razionale e può apparire di faticosa comprensione intellettuale, poiché è essenzialmente *vita da provare*, esperienza pratica che può essere vissuta nella pienezza quando ci si apre a un tu. L'apertura al tu è già vivere la compresenza, e chiama ad aperture sempre maggiori, diventa *apertura infinita dell'anima* ai singoli tu, a tutti i tu, ovvero al *tu-Tutti*.

Da un punto di vista del soggetto che prende coscien-

[15] Capitini, 1967a, pp. 82-96.

[16] Ripubblicata in edizione limitata da Il Ponte, viene riedita nel 2022 a cura di chi scrive e di D. Taurino, con la prefazione di G. Moscati, per i tipi di Libreria Editrice Fiorentina.

[17] Bobbio, in Capitini, 1969, p. 22.

[18] Capitini, 1967a, p. 23.

za del mondo, dunque, l'apertura precede la compresenza e nel momento in cui la accerta, contribuisce ad allargarla e ad aprirla ulteriormente. Occorre dunque chiarire come si qualifica l'apertura stessa, tema "inclusivo"[19], in quanto capace di abbracciare e attraversare ogni proposta filosofico-pedagogica capitiniana. L'apertura è per Capitini segno dei tempi, egli rintraccia espressioni (come scuola aperta, teatro aperto, società aperta) che testimoniano l'emergere e il diffondersi di un atteggiamento nuovo, di disponibilità amorevole e affettuosa ad abbracciare orizzonti più vasti, ad andare incontro agli altri soggetti. Nella temperie storica che vede affermarsi questo movimento, il binomio chiusura-apertura diventa idea-esperienza chiave della vicenda umana. Per l'antifascista nonviolento, che ha vissuto la chiusura per antonomasia nella dittatura, ogni chiusura è la premessa dell'asfissia personale e sociale. Aprirsi invece rappresenta la scelta della libertà e della solidarietà, il movimento infinito e incessante verso l'altro.

Da un punto di vista esistenziale, l'apertura ha una chiara connotazione pratica, "sorge da una prassi e vi ritorna, per cimentarsi e allargarsi, e anche per trarre nuova luce teorica"[20], è "orientamento pratico"[21], fondato su una "posizione religiosa di insoddisfazione della realtà com'è"[22]. Alla base infatti c'è il disagio verso una realtà pesantemente inficiata dal limite, nella quale diventano visibili tutti i portatori dei limiti, quelli che Capitini chiama nei modi più disparati – i malati, i pazzi, gli esauriti, i pallidi, gli smorti –. Essi non sono soggetti a parte, umanità marginale ed "eccezionale", ma sono coloro che più degli altri narrano della finitezza di tutti gli esseri, tutti peraltro accomunati dal limite supremo della morte. Come ha sottolineato Bobbio, il momento iniziale (e il punto di ritorno ciclico) del pensiero

[19] Bobbio, in Capitini, *op. cit.*
[20] Capitini, 1967a, p. 14.
[21] *Ivi*, p. 22.
[22] *Ivi*, p. 33.

capitiniano è una *meditatio mortis*[23], che tuttavia non si accontenta della rassegnazione o di rinviare la speranza a un futuro "altro". Essa infatti diviene *coscienza appassionata della finitezza*: essa radica in profondità il senso di rivolta che accende il desiderio di trasformare il mondo, di ascoltare e rispondere alla domanda silenziosa di uguaglianza, solidarietà, giustizia, di *liberazione* che si leva dalle periferie reiette del paesaggio:

> *insomma, era il problema religioso di trovare un posto per il malato, l'esaurito, colui che la civiltà attivistica butta via come inutile ormai e improduttivo.*[24]

Il fondamento, dunque, di questo pensiero e dell'esperienza della finitezza umana – che egli riconduce al vissuto giovanile della malattia e filosoficamente al pensiero di Kant – è religioso e in quanto tale ricolloca l'io dentro la sua interiorità, lo riposiziona proprio là dove il limite lo abita profondamente e dove il limite, mentre viene abitato, si fa territorio da attraversare per trasformarsi in apertura[25]:

> *l'atto di apertura al tu, dico tu con la minuscola – ogni essere – e non Tu con la maiuscola, è prassi di interesse e affetto all'essere particolare, nella sua limitatezza, nella sua possibilità di morire, interiorizzando quell'essere. Questo vuol dire che il problema della morte è vissuto in direzione del tu, non dell'io: io mi apro a che tu sia.*[26]

[23] Bobbio, in Capitini, 1969, p. 19.
[24] Capitini, 1967a, p. 10.
[25] Per quanto la vita interiore, spirituale e religiosa del soggetto sia per Capitini uno dei centri pulsanti dell'azione, non sento di poter condividere la definizione che G. Mannu, nel suo ottimo volume, propone del pensiero capitiniano come "filosofia dell'interiorità" (Mannu, 2012, p. 19). Radicare così fortemente in questa dimensione l'interezza dei significati capitiniani rischia di oscurare il carattere parimenti sociale del suo pensiero, che, attraverso l'apertura al tu, si esprime attivamente nella lotta. Per questo parlerei più di filosofia della persuasione che dell'interiorità.
[26] Capitini, 1967a, p. 17.

Come movimento in direzione dell'altro, chiamato col tu affettuoso che si dà ai prossimi, agli amici, l'apertura non può circoscriversi a un solo tu o a pochi: è continuamente aprentesi ai molti (l'uso del participio presente è prettamente capitiniano), ai Tutti, senza fare eccezioni di qualità tra destinatari, e così si approfondisce, perché abbraccia ogni singolo essere venuto alla vita, includendo anche i morti. In questo passaggio, l'apertura conduce a scoprire che *tutti è il plurale di tu* e diventa *apertura alla compresenza* nel momento in cui l'io prende coscienza che ogni essere, nessuno escluso, partecipa alla *produzione del valore*, cioè coopera con tutti a costruire il bene.

Aprendomi, faccio una scoperta spiazzante: mi rendo conto che da sempre ricevo il dono dell'altro, anzi dei Tutti, prendo coscienza che il bene è prodotto non solo dai forti, ma anche dai deboli, dai pazzi, dagli oppressi (perfino i morti), che essi ne abbiano consapevolezza o meno. Che la storia è creazione corale che non esclude nessuno, anzi

> *il punto di partenza dell'apertura alla compresenza è che l'io non è solo, ma è con altri, tutti, anche i morti, e ciò che viene fatto, è fatto con l'aiuto di tutti. [...] L'attività creante valori non è solitaria, non è quindi individualistica; nell'intimo è aiutata.*[27]

Essere aiutati nell'intimo, in ogni respiro che si offre al mondo, racconta della *coralità*, metafora amatissima da Capitini, ovvero di interdipendenza e di legami senza i quali ogni azione umana resta opaca, dimezzata, insufficiente[28].

La compresenza, dunque, è la compartecipazione dei Tutti, *coralmente*, alla creazione dei valori, luogo della cooperazione di tutti. Essa a sua volta apre un varco verso un

[27] *Ivi*, pp. 73-77.
[28] Un esempio di atto corale racchiuso nel fare individuale è l'opera d'arte. Capitini dedica ampio spazio all'educazione estetica in questo senso (1953, pp. 154-173). Si veda al riguardo A. Tortoreto, in G. Falcicchio, 2008, pp. 143-156.

futuro in cui tutti possano partecipare perfettamente allo stesso movimento verso il bene, un futuro non ancora realizzato, ma che possiamo costruire vivendo pienamente la compresenza come se fosse già perfetta.

Nel passaggio dal tu ai Tutti, Capitini prende le distanze dall'idealismo di matrice hegeliana che aveva dissolto il singolo nel Tutto, unico soggetto della Storia. I *Tutti* capitiniani sono l'antitesi del tutto che fagocita il singolo, sono il riconoscimento del contributo ineliminabile e irrinunciabile di ogni essere, anche il più limitato, a quanto di bello, di buono, di positivo nel mondo è costantemente realizzato.

La compresenza, dunque, comincia a compiersi a partire da soggetti unici e irripetibili e va verso tu altrettanto unici e irripetibili: non si dilegua nel moto generico verso un "altro" astratto o verso cerchie ristrette, ma incontra i volti singoli dei Tutti, uno per uno, ognuno riconosciuto cooperante e producente, ognuno celebrato gioiosamente perché esiste. L'apertura a cui pensa Capitini è radicale: la gioia che l'altro esista si estende davvero a tutti, anche a chi ha fatto il male, a chi ci ha fatto il male:

> *La nonviolenza è, dunque, dire un tu ad un essere concreto e individuato; è avere interessamento, attenzione, rispetto, affetto per lui; è aver gioia che esso esista, che sia nato, e se non fosse nato, noi gli daremmo la nascita: assumiamo su di noi l'atto del suo trovarsi nel mondo, siamo come madri.*[29]

Coralità, gioia, festa. Scopriremo anche le tonalità del pathos, ma è nell'apertura festiva che si riconosce il cromatismo capitiniano della nonviolenza. Facendo rimbalzare, come su uno specchio, il pensiero sempre così lirico di Capitini con quello di Maria Zambrano, capiamo ancora meglio che vivere la compresenza significa guardare il mondo dei viventi e delle cose con quello sguardo innamorato e

[29] Capitini, 1964b, pp. 143-144.

poetico che ama dare un volto finanche al non-essere:

> *il poeta non vuole tutto, perché teme che in questo tutto non rimanga ognuna delle cose in tutte le sue sfumature; il poeta vuole una, ciascuna cosa, senza restrizioni, senza astrazioni né rinunce. Vuole un tutto a partire dal quale possieda ogni cosa, non intendendo per cosa un'unità fatta di sottrazioni. La cosa del poeta non è mai la cosa concettuale del pensiero, ma complessissima e reale, la cosa fantasmagorica e vagheggiata, quella inventata, quella che ci fu e quella che non ci sarà mai. Vuole la realtà, ma la realtà poetica non è solo quella che c'è, quella che è, ma è anche quella che non è; abbraccia l'essere e il non-essere in ammirevole giustizia caritativa, giacché tutto, proprio tutto, ha diritto ad essere, finanche ciò che non ha mai potuto essere. Il poeta trae dall'umiliazione del non-essere ciò che in esso geme, trae dal nulla il nulla stesso dandogli nome e volto. Il poeta non si tormenta affinché, delle cose che ci sono, alcune giungano ad essere ed altre non abbiano questo privilegio, lavora soltanto per fare in modo che tutto, quel che c'è e quel che non c'è, arrivi ad essere. Il poeta non teme il nulla.*[30]

E come in musica e poesia, esiste un ritmo anche nella nonviolenza: è il ritmo *non rimandante* di chi sente l'urgenza allegra di danzare verso la festa.

[30] Zambrano, 1998, pp. 36-37.

IL NO ALLA MORTE: LA VICINANZA RELIGIOSA AI MORENTI E AI MORTI

La morte, si è visto, è il limite estremo con il quale l'essere umano si misura, interlocutrice con cui si interfaccia la *coscienza appassionata della finitezza* che si tramuta, davanti al tu di Tutti, in *apertura infinita dell'anima* capace di rivoluzionare l'intima struttura della realtà, di aprirla a quel *domani sperabile* in cui anche la morte può finire. Nell'abbraccio affettuoso della compresenza, la storia si apre e ogni essere venuto alla vita, anche nel passato, non resta escluso dalla *tramutazione*.

Il nucleo forte della persuasione religiosa di Aldo Capitini è in questo nesso: la morte c'è, è un fatto, ma gli esseri venuti alla vita sono più di un fatto. La lieta apertura a che essi siano e si sviluppino è l'azione trasformativa – perché e solo se nonviolenta – che ci lancia verso la liberazione dalla morte stessa. L'analisi che conduce Capitini si inserisce nella lettura del contesto antropologico della contemporaneità, di cui Capitini coglie bene – e come sempre in anticipo – l'evitamento della riflessione intima sulla morte, che oggi, specie nell'Occidente, rappresenta "l'ultimo tabù"[31], oggetto di una rimozione che grava come un blocco della vita spirituale. Aldo Capitini si affaccia sul vuoto lasciato dai morti nella coscienza contemporanea e porge il di più della sua teologia della compresenza:

> *forse in qualche animo dei "civili" di oggi sta scomparendo la consapevolezza che ci sono anche i morti, e si perde così la testimonianza perenne che i morti e tutti i sofferenti danno della finitezza degli esseri nati alla vita. C'è*

[31] Bormolini, 2020.

chi non vuol saperlo, vuol dimenticarlo, e così, nel visibile attivismo, perde quell'equilibrio e quella serenità che viene dal fare un posto di reverenza, di meditazione, di offerta a quella "testimonianza", a quel martirio.[32]

Non sarà tanto la morte a essere riportata in primo piano in una riflessione che è dall'inizio intimamente abitata dalla nonviolenza, quanto i morti, il loro essere *tu* con cui il senso di una relazione forte, piena di slancio amorevole, rilevante quanto la relazione con ogni vivente, si comprende se collocata nel cerchio mai chiuso della compresenza, "dove il contributo del singolo è inconoscibile e mai separabile, ma confluente intrinsecamente con il contributo di ogni essere che è nato"[33].

Per elaborare la sua originale proposta, Capitini dialoga con le posizioni umanistiche e storicistiche, prendendone le distanze.

Il dialogo con l'umanesimo: chi muore nella natura non muore nella compresenza

La morte è un fatto, un fatto constatabile che sembrerebbe parlarci della fine di un essere. Davanti ad esso si accende la rivolta, la protesta del persuaso che non riesce ad accettare che la morte annienti; neppure si accontenta di una speranza rimandante che taglia con una cesura temporale la vita naturale dalla vita soprannaturale e attende il giudizio divino come un punto di non ritorno, la fine delle possibilità di operare in meglio di quell'essere. C'è un'altra via: la vicinanza, quanto più corale, al tu del morto (e prima, del morente), prassi di apertura che ci allena a "distinguere gli esseri dalla morte e ogni altro male che può colpirli"[34]:

[32] Capitini, 2022, p. 386.
[33] *Ivi*, p. 107.
[34] Capitini, 1968b, p. 18.

per amore, per interessamento al tu, all'essere vivente, per un desiderio di vicinanza, di partecipazione al suo esistere, per unità col fatto che egli sia nato, io trovo disuguale a lui il fatto che egli sia colpito da un limite come il morire, o l'essere pazzo, insufficiente, ammalato. Non riconosco ai fatti della "natura" una dignità preminente sul fatto che egli sia nato ed entrato in qualche modo in un rapporto, potenziale o attuale, con gli altri esseri. C'è una disparità assoluta tra l'essere individuato che io amo in ciò che è e in ciò che può essere, perché compresente a me, e il fatto che una tegola gli cada sulla testa e l'uccida. Io ho una vicinanza maggiore a lui che al fatto della tegola.[35]

In questo passaggio Capitini ritorna su un aspetto tante volte espresso: la realtà della compresenza abbraccia tutti gli esseri venuti alla vita da sempre e sancisce uno iato, una spaccatura del presente, una ferita domani rimarginabile attraverso la pratica della nonviolenza, tra natura e compresenza. Chi nasce, nasce nella natura e nella compresenza, i cui eventi sono proprio "la nascita di un essere vivente e un atto di valore"[36]. Chi muore, muore nella natura, ma non muore mai nella compresenza, che è prima e oltre la storia. Capitini delinea una interessante asimmetria tra evento della nascita e fatto della morte, collocando in capo al nascere un primato rispetto al quale la morte non è l'antitesi in grado di far cessare chi è ormai entrato nella compresenza. La nascita anzi è essa stessa "il valore che ci sembra più stabile"[37].

Sarà la morte a venir sconfitta nel momento in cui mi apro al tu – anche del morto – perché allora comincerà a mutare la struttura stessa della natura, che oggi ancora uccide e ammala e mutila. Mentre nelle visioni umanistiche i morti sono estromessi dal conto di chi agisce e nelle visioni confessionali vengono collocati in un altrove staccato, nel-

[35] *Ibidem.*
[36] Capitini, 2022, p. 331.
[37] *Ivi*, p. 375.

la compresenza essi “sono perfettamente soggetti con noi nell’atto in atto, nella profonda produzione dei valori”[38].

Quando la mente decide e l’animo si impegna, dunque, scende anche l’infinita suggestione della festa, che è “l’aria, la luce, il silenzio profondo della compresenza”[39] e il problema della morte non è più vissuto in direzione dell’io, ma del tu. A fare da discrimine nella possibilità di *tramutazione* della realtà è l’atto dell’*homo religiosus*, che si distingue dall’agire dell’*homo faber*. Questi costruisce, fa, edifica animato da una volontà di potenza i cui residui si polverizzano nell’agire religioso, purificato dell’egocentrismo dell’individuo. Non è l’io qui a essere preminente, col rischio di gonfiarsi ipertrofico nel compiacimento della propria bontà, apertura, accoglienza. È la compresenza che fluisce nella relazione io-tu/Tutti, a partire dall’umile consapevolezza che il proprio atto di apertura è, come si è visto, atto di gratitudine *ab origine*.

Nel rapporto col morto, l’apertura all’unità ha consistenza pratica, supera la mera conoscenza del fatto della morte. Si delinea con più chiarezza così la distinzione tra visione umanistica, per la quale “si è formata in noi l’abitudine di distinguere nettamente la condizione del morto da quella del vivente; anzi ci siamo staccati dalla condizione del morto, pensando tutto dal punto di vista del vivente, senza cercare insistentemente se si potesse fare qualche cosa insieme con il morto”[40] e la visione della compresenza che

> *nel sì alla nascita comprende un elemento di realtà, un evento, un qualche cosa nello spazio e nel tempo; nel no alla morte nega la realtà, contrasta, protesta, si ribella, e la realtà attuale ne esce accusata e squalificata. Questa posizione è la più decisamente metafisica delle quattro perché le sta a cuore ciò che non è accertabile fisicamente, e comprende una totalità, la realtà di tutti; ma è anche*

[38] Capitini, 1968b, p. 19.
[39] *Ivi*, p. 21.
[40] Capitini, 2022, p. 102.

la più pratica di tutte, perché provoca se stessa esclusivamente mediante la pratica dell'amore aperto a tutti gli esseri. Non è la pratica comune, dell'amministrazione quotidiana della vita come semplice vita, ma la pratica dell'atto di tu rivolto infinitamente [...] ad ogni essere che si accerti o si pensi nato.[41]

Ritorna qui come in tutte le analisi di Aldo sul rapporto tra l'io e il mondo – e in questo tema con intensità maggiore che in ogni altra riflessione – la categoria portante, l'a priori di ogni persuasione, cioè la nonaccettazione della *realtà com'è*. Che tuttavia il persuaso non rifiuta chiudendosi in un cupo borbottio di ripulsa, né sopporta rassegnato, demandante a una speranza di giustizia, riscatto, compensazione ultraterrena. Né come si è visto assume l'atteggiamento prometeico – che tuttavia non può superare il fatto della morte – di chi comprime nel presente le possibilità di un'azione tutta concentrata sull'io.

La fondamentale differenza tra umanesimo e teoria della compresenza sta nella coniugazione della nonaccettazione della morte con l'intima unità col tu del morto, che viene tenuto vicino nella *prassi speciale* della compresenza, come attivo collaboratore alla creazione dei valori e compagno di cammino verso la liberazione di tutti, anche dopo aver varcato la soglia estrema. Aprirsi alla compresenza di tutti gli esseri venuti alla vita, nessuno escluso, è dunque il motore della *tramutazione*:

soltanto quando – mediante aperture religiose – ci si persuade di una realtà speciale che è quella della compresenza, si accerta un potere diverso, non conoscibile oggettivamente e non usabile come mezzo nelle tecniche. Ed è questo potere che decide sulla trasformazione della realtà in un senso estremo, rispetto alle trasformazioni operate dalla scienza e dalla morale.[42]

[41] *Ivi*, p. 105.
[42] *Ivi*, p. 176.

Il dialogo con lo storicismo: chi muore nella società non muore nella compresenza

Capitini trova in Ernesto de Martino un interlocutore interessante ed è a lui che dedica un'ampia parte del capitolo che, al principio del secondo volume di *Educazione aperta*, sviluppa il tema dell'educazione e della morte. L'antropologo aveva colpito il Nostro con il concetto di "reintegrazione", e in una prospettiva di dialogo aveva inviato all'autore la *Lettera di religione n. 53*, intitolata *Anche la cerimonia funebre può essere aperta*, del giugno 1963. De Martino, già malato, ebbe modo di leggere lo scritto capitiniano e di dichiararsi d'accordo, ma la sua morte, sopraggiunta nel 1965, impedì un "calmo colloquio" tra i due. Capitini riconosceva valida la prospettiva della reintegrazione culturale, etica e sociale del morto argomentata da de Martino. Questi ritiene indispensabile anche in una società tendente alla razionalizzazione il rito o la lamentazione come forma celebrativa della dipartita del defunto, l'interiorizzazione come atto etico e il rafforzamento nella società dei diritti e della dignità di tutti come risposta collettiva e compensativa rispetto all'evento della morte, che, se giunge per tutti, acquista valore diverso quando l'esistenza trascorsa è stata degna. Di fronte alla morte del singolo, gli altri, la società possono fare qualcosa, non restare inerti ma lottare per l'uguaglianza e per quanto renda dignitosa l'esistenza.

La visione di de Martino era per Aldo un'indispensabile premessa al discorso religioso, che certamente necessita "di un pieno sviluppo sociale (di massima libertà, giustizia, possibilità di reciproco aiuto, di soddisfacente esplicazione di sé, di spendere i propri talenti)"[43]. L'insufficienza di questa posizione è rilevata nei vari storicismi: essere rivoluzionari solo a metà, imbastendo una protesta contro la società ma non contro la realtà: "Lo storicista dice: la realtà è così e

[43] Capitini, 1969, p. 460.

immodificabile; bisogna accettarla, e far sì che si riduca il pianto"[44], aggiungendovi (soltanto) la valorizzazione dell'esistenza dei vivi, incrementando la giustizia e l'uguaglianza in "una società in cui l'uomo, qualsiasi uomo, si senta a tal punto suo cittadino *pleno iure* da poter accettare il morire che la vulnera accompagnandolo soltanto con un sommesso pianto"[45].

Capitini intende porre entrambe le proteste, sia contro la società che opprime sia contro la realtà che mutila, proponendo una nuova categoria pratica. Si tratta, come già evidenziato a proposito dell'umanesimo ma ora declinata nel rapporto con lo storicismo, della categoria di apertura alla *realtà di tutti* come continuante oltre le limitazioni di questa realtà storica:

> *Cioè per ogni essere io pongo la possibilità di fare un atto di aggiunta a ciò che risulta storicamente (anche malato, pazzo, morto), vedendolo sempre come produttore di valori nella compresenza di tutti, e quindi non finito, ma vivente e risorto alla base della storia: la compresenza è il soggetto della storia, la produzione del valore è corale, tutti aiutano, ogni essere (anche non visto, anche inconsapevolmente) continua a svolgersi e a dare.*[46]

Non si tratta di un agire animato dalla ragionevole speranza di un mutamento che prima o poi incontrerà la storia, ma di un agire persuaso che realizza oggi la *tramutazione* della storia perché in essa colloca pienamente, con l'apertura amorevole, i Tutti, che ne sono i veri soggetti. Si genera così una sfasatura rispetto al tempo della storia: non è né l'azione dell'io a operare la trasformazione in itinere, da adesso a un futuro tutto immanente alla società e qualificabile in termini di civilizzazione, né un agente esterno a liberare dalla morte in un dopo ultraterreno e soprannaturale.

[44] *Ibidem*.
[45] de Martino, 1958, p. 359.
[46] Capitini, 1969, p. 461.

Quello che scopro con l'apertura è che la compresenza agisce già prima di me, è all'inizio della storia, non alla fine e ha agito da sempre grazie alla prassi religiosa dei singoli soggetti aperti ai tu. Essa procede per incremento, verso un compimento che solo l'apertura infinita di tutti a tutti renderà pienamente operante in un domani sperabile. In questa escatologia all'inverso, il futuro è da sempre, in virtù dell'azione nonviolenta[47]:

> *Ma quello che ho io non è sulla linea di questa speranza estrema, escatologica; per me c'è già una certezza pratica nell'uso di una categoria di apertura e aggiunta (di amore), per cui già tutti gli esseri a cui mi apro sono alla base della realtà storica che si dispiega. Cioè il futuro è già cominciato, la resurrezione è avvenuta dal principio.*[48]

Sia l'umanismo che lo storicismo di fatto non si muovono sul piano del cambiamento, ma lasciano inalterate le visioni della società e della storia così come si configurano oggi, al più ammettendo labili trasformazioni insufficienti a cambiare il corso delle cose: lo storicismo risolve gli uomini negli eventi; l'umanesimo è capace di riforme tutte interne alla *realtà com'è*, tramite l'azione limitata dell'*homo faber*. In entrambi rimane il residuo della potenza, quando l'io agisse per costituirsi come presenza personale, a fronte della morte altrui; quando agisse per costituire opere che influenzino lo svolgersi del Tutto; finanche quando aprendosi al tu attribuisse al proprio agire la vittoria sulla natura mortale. Questo residuo di potenza invece viene mondato, se riconosco che

[47] Vogliamo ricordare che "Azione nonviolenta" è anche il nome della rivista a cui Capitini dà vita nel 1964. Costituendo il riferimento italiano rispetto alla riflessione, alle iniziative, alle personalità che ruotano a livello anche internazionale intorno alla nonviolenza. La rivista è tuttora pubblicata con cadenza bimestrale.
[48] Capitini, 1969, p. 461.

la compresenza opera nella non morte di ogni essere, nella coralità del valore, nella liberazione della realtà, indipendentemente dalla consapevolezza dei singoli esseri, che arrivano alla consapevolezza prima o poi; la compresenza di per se stessa e il valore di per se stesso sono intimamente in incremento; se io mi apro a ciò, tutta la potenza la dò alla compresenza, e non penso alla mia immortalità, ma la vedo per i tu.[49]

Mi apro a che tu sia. Per un'educazione con i morti

Vista come si è cercato di ricostruire finora, la morte per Capitini è segno estremo del limite, certo, ma perde i tratti della cupezza tetra a cui viene spesso associata. La ragione è che in primo piano non è il fatto della morte, spogliato della componente personale dei soggetti e addirittura immaginato attraverso la classica prosopopea della nera signora incappucciata. Non è la morte, ma sono i morti, singoli individui che restano uniti a me, i protagonisti della riflessione, dell'intimo abbraccio, dell'azione operante nel mondo. C'è quindi un affaccio luminoso e aperto sulla morte, che coglie la commozione delle pratiche legate ai rituali di commiato: "Nello studiare il culto dei morti si vedono sempre cose belle"[50]. Anche quando mette in connessione il problema della morte con l'educazione, Capitini esplora nella direzione non di una pedagogia dell'educazione alla morte, ma piuttosto di un'educazione *con* i morti, nel segno dell'apertura al loro tu e dell'agire persuaso che è cura dei singoli esseri venuti alla vita, in particolare i morenti.

Prima ancora di approssimarsi ad essi, nel percorso tracciato sull'impegno nel volume *Il fanciullo nella liberazione dell'uomo*, troviamo un interessante riferimento all'esperienza comune del non essere, nella quale avvertiamo

[49] Capitini, 2022, p. 329.
[50] Capitini, 1969, p. 457.

come nostro autentico stato il non essere, la stanchezza assoluta, la nullità di movimento, di consistenza e di tensione, l'amarezza interiore e l'ombra che vede la luce come un fatto esterno e la vita come contingente: è il momento che più assomiglia al silenzio assoluto, alla non potenza, per l'assenza di speranza, per quella che talvolta è angoscia di esistenza. [...] il momento di assenza di moto, di tristezza anche. C'è pure, più o meno esplicita, la consapevolezza di essere sull'orlo del nulla, o di non poter fare che il male, c'è un'assoluta modestia o un infinito rimorso e rammarico e disagio di esistenza.[51]

Il non essere si configura talvolta come male di vivere, che spesso ciascuno ha incontrato. Il sentimento così ben espresso dal montaliano rivo strozzato che gorgoglia, l'incartocciarsi della foglia riarsa, il cavallo stramazzato riportano al vissuto intimo del limite che abita l'essere umano conducendolo sino all'orlo del nulla e Capitini, filosofo della liberazione e della festa, ne ha coscienza ed esperienza profonda. Non c'è tuttavia la deriva nichilista: dall'orlo del nulla su cui mi trovo, posso affacciarmi sul non essere e fermarmi, sostare per discernere le aperture che anche in esso risiedono. Mentre la civiltà volta al fare e al produrre "ha escogitato una serie di mezzi, di stimolanti, perché quel momento sia rapidamente oltrepassato"[52], posso scegliere di farmi attraversare da quello stato interiore e coglierne il valore, "il valore dell'aperto non essere, che è essere al cospetto di Dio"[53]. L'esperienza di trovarsi a un passo dalla perdita di sé, nello spaesamento estremo dell'esistenza, nell'arresto del movimento del vivere (e che altrove, come nella sua autobiografia, associa anche alla malattia fisica, allo sfinimento) non sono né fatti che mi chiudono in un penoso e perdurante pessimismo, né momenti da evitare frettolosamente nel risucchio della società attivistica. Sono occasioni religiose per attraversare quel silenzio assoluto, e

[51] Capitini, 1953, p. 134.
[52] *Ibidem.*
[53] *Ibidem.*

riaffermare le ragioni dell'impegno di lotta contro la realtà limitata. Si tratta di momenti faticosi, ma preziosi, poiché percorrendo le terre del nulla si stabilisce una speciale "solidarietà con chi è ridotto al minimo di vita, e perfino di coscienza, quasi il punto di contatto con chi non è più"[54]:

> *ora vediamo che anche la tristezza dell'esistere è la realizzazione, nel suo modo, di un impegno fondamentale ad aprire la realtà, a darle realmente un Infinito. Quel momento della tristezza dell'esistere appare come il visibile segno del non essere dei morti e del ridotto essere dei diminuiti e colpiti dalla realtà dei fatti; e perciò risulta tessuto di un immenso contatto.*[55]

Come sempre, la venatura letteraria di Aldo è impregnata della tenerezza che questo *immenso contatto* con ogni essere venuto alla vita evoca segnando di commozione la lettura dei suoi testi. Si ritorna nell'intimo abbraccio della compresenza in cui tutti cooperano al valore, vivi e morti, coscienti e inconsapevoli; ma c'è un'aggiunta: v'è un non essere in ogni singolo ed è proprio stando sulla soglia del mio non essere, mi accorgo che questa landa immensa che pare così solitaria e desertica e disabitata, in realtà incrocia, confina, si intreccia con gli altrettanto immensi territori del non essere altrui. Su quel confine incontro l'infinito misterioso e inconoscibile del tu, il tu che vive il limite, il tu del non più vivente, il tu di chi ancora non è venuto alla vita.

Su questo confine all'apparenza così labile si radica l'impegno di non subire lo stato di angoscia esistenziale ma di percorrerlo, di non soggiacere alla realtà limitata. Si tratta di farsi abitare dal silenzio e stendere lo sguardo su quel deserto, senza tuttavia accettare che sia ineluttabile "con un impegno che porta positività, e suprema positività, là dove appariva passività e negatività"[56].

[54] *Ibidem.*
[55] *Ivi*, p. 137.
[56] *Ivi*, p. 136.

Insieme al valore dell'aperto non essere, Capitini attraversa il tema della nonuccisione, perno intorno a cui si costruisce il pensiero e l'azione nonviolenta, intesa come "la scelta di un modo di pensare e di agire che non sia oppressione o distruzione di qualsiasi essere vivente"[57]. Scegliere di non dare la morte agli esseri venuti alla vita (o ridurla il più possibile) va di pari passo con la coltivazione di una corporeità trasfigurata, perché nutrita non solo e non prevalentemente dell'elemento vitale, ma del valore corale della compresenza da cui far abitare il corpo stesso.

Non uccidere e non collaborare con le uccisioni (con l'obiezione al servizio militare o il vegetarismo, ad esempio) sono atti che mirano a non confermare la realtà nella sua forma attuale, che vogliono interpellarla e arrestare il suo corso in apparenza immodificabile e imprimerle una direzione altra, radicalmente altra, in cui anche l'ineluttabile cessa di infliggere il limite estremo e si apre:

> *sicché chi non dà la morte, produce due cose: in sé, tanto è l'appassionamento all'esistenza delle persone, il senso della loro presenza anche se muoiono; e nella realtà introduce un'iniziativa che la può trasformare.*[58]

A segnare il passaggio di apertura alla *realtà liberata* è il porsi di una corporeità nuova, trasfigurata, una corporeità che assecondi la compresenza e sia novità di pace, in cui la vitalità non è unica legge al corpo, che spezzi il cerchio naturalistico di nascite e morti, aggiungendovi il fermo proposito di dare il tu a tutti gli esseri schiacciati nella vitalità, che non idolatri nell'educazione dei bambini l'elemento – in loro così prorompente – di una vitalità considerata valida per se stessa, scevra dal valore della compresenza. Come sempre è l'adulto, da appartenente alla realtà limitata, a non dover cadere nell'esaltazione della vitalità infantile, poiché

[57] Capitini, 1964b, p. 143.
[58] *Ivi*, p. 145.

i bambini, figli della *realtà liberata*, mostrano già di possedere una vitalità aperta al tu, che va appunto confermata in quanto preannuncio della festa:

> *una realtà che avesse trovato il modo di dare ad ogni essere un corpo che fosse di purissima nonviolenza insieme con gli altri: questo la festa faceva sperare. [...] E nella pura bellezza dei bambini appare qualche cosa di più della vitalità prorompente, come un'allusione e un riferimento ad una corporeità non esclusiva e individualistica, "vita mia morte tua", ma una corporeità adeguata alla realtà di tutti, amorevole.*[59]

C'è un passaggio estremamente interessante, per chi studia il periodo perinatale, in cui Capitini attribuisce ai bambini una vitalità dai tratti speciali e che deriva loro dall'essere più vicini al momento della nascita:

> *quel di più della vitalità che è colto nei bambini, quella grazia, mostra che la nascita recente nel tempo non è soltanto nella natura, ma è anche nella compresenza, il che è confermato dal bambino e dal fanciullo con il meglio della sua vita psichica, il suo aprirsi, il suo associarsi.*[60]

È responsabilità dell'adulto non spegnere la fiamma e alimentarla, in questa vita religiosa che impara dalla festa (e quindi dai bambini), affiancando alla cura della vitalità "la contemporanea apertura a chi soffre nel corpo, è diminuito, è morto, non solo apertura come servizio, ma apertura come vicinanza, come *essere insieme*"[61].

Una tale capacità di essere insieme propria del bambino viene valorizzata anche con l'atto amorevole dell'accompagnamento del morente. Una parte significativa della riflessione educativa di Aldo Capitini passa dall'importanza di non escludere i bambini e i ragazzi dall'esperienza diretta

[59] Capitini, 1968b, p. 22.
[60] *Ibidem*.
[61] *Ivi*, p. 23.

della prossimità al sofferente, al morente, al morto. Per noi, figli della società del *corpulento*, dell'attivismo che chiude la sofferenza e la morte nei luoghi della segregazione del cosiddetto fine vita, rivestendo della patina della modernità efficiente e anglofila persino le parole passate di moda (cronicario e ospizio vengono cassati come luoghi di antica esclusione sociale spesso aggravata dalla cattiva assistenza e dalla povertà, mentre *hospice* maschera la stessa se non peggiore esclusione con l'asettico verde sanitario delle professionalità certificate), l'attraversamento delle terre di mezzo – luoghi del non essere (più o ancora) – va fatto nel modo più rapido, indolore, igienico possibile.

Come già ho avuto modo di evidenziare a proposito della nascita o dell'ingresso dei piccoli nel mondo sociale[62], l'antropologia contemporanea ci vuole non autonomi, ma in solitudine nei momenti cruciali di passaggio, condannandoci all'abbandono in nome dell'etica individualistica e competitiva del sapersela cavare da soli. Secondo una grammatica profondamente diversa, gli attraversamenti possono diventare luoghi privilegiati di formazione, i luoghi più sensibili anzi all'educazione e all'apprendimento, per la loro pregnanza esistenziale e per gli *imprinting* che ne derivano. L'orizzonte etico-pedagogico allora diventa sapersela cavare con gli altri, attraversare quelle terre così limacciose, poco definite, talvolta angoscianti, mano nella mano. È la compresenza.

L'offerta del tu al morente si traduce in quel commovente contatto con la sua infinità, proprio ora che si affaccia sul più abissale dei suoi non essere. Ma se l'unità-amore col morto è compresa negli atti religiosi e rivoluzionari che fendono la *realtà com'essa è* oggi, aprendo le spaccature che sporgono sul futuro, chi meglio del fanciullo può abbracciare il morente, chi meglio dei piccoli, che sanno tenere nel caldo contatto della compresenza perché, loro sì, abitano

[62] Falcicchio, 2013; 2014; 2018a.

già le terre della festa e sono più vicini anche nel tempo a quel *primum* che è la nascita?

Cogliamo subito la distanza immensa tra l'abitudine comune di tenere distanti i bambini dalla morte e dal dolore della perdita, e la possibilità di una vicinanza affettuosa che nulla ha a che fare con il rischio di danneggiare i bambini. Siamo anche in una prospettiva aggiuntiva rispetto a quella, condivisibile, di una pedagogia del congedo, che mira a dare cittadinanza alla morte nel discorso educativo sia affinando le tecniche per l'elaborazione del lutto, sia "strappando la riflessione sulla morte in educazione dalle secche privatistiche e soggettivistiche nelle quali è bloccata, riportandola ad una dimensione sociale"[63]. Prospettiva condivisibile, soprattutto nella parte che adombra la riproposizione del valore di una vita e una cittadinanza degna per tutti anche in chiave contestativa verso l'attuale condizione umana, ormai molto diversa nel lessico da quella dei sud di de Martino, ma molto simile per grammatica dell'ingiustizia. Meno condivisibile in prospettiva capitiniana in quanto ripropone la necessità dell'accettazione della morte come dato iniziale di una possibile pedagogia della morte, laddove Capitini su questo piano di non negazione della morte preferisce parlare di *far pace* con la morte, non accettandone comunque la sua inevitabilità per sempre.

Per Capitini, non si tratta infatti solo di incrementare le risorse per superare/elaborare/accettare la perdita come oggi l'ottima psicologia tanatologica propone – e giustamente – in risposta all'occultamento collettivo della morte e all'evitamento del lutto[64]; non si tratta affatto, come si è visto, di accettare la morte, e non solo di imparare a dire addio (o arrivederci), ma si tratta di toccare la compresenza, accertare la possibilità reale del superamento della morte che diventa allora fase temporanea di uno stadio dell'essere

[63] Mantegazza, 2004, p. 126.
[64] Testoni, 2015.

umani che domani lascerà il posto a un inedito senza morte.

E chi più è vicino, per dato originario, a quel domani, i piccoli, a maggior ragione può innalzare la realtà di oggi tramite la sua più facile apertura ai tu dei morenti e dei morti. La morte e la sofferenza diventano luoghi e tempi preziosissimi per l'esperienza e l'apprendimento del contatto con la *realtà liberata* e la festa, momenti chiave per intessere l'intima solidarietà con tutti i fragili, gli smorti, i pallidi, i dimezzati e dare uno slancio alla realtà di oggi.

Si tratta di celebrare la festa, che "più che conclusione, è un inizio nuovo, pieno di una straordinaria consapevolezza e di una profonda suggestione"[65], un inizio che si nutre dell'aggiunta dell'apertura alla compresenza e come tale lancia nella realtà di oggi un appello alla *tramutazione*, la chiama, la sollecita, la vuole responsiva al cambiamento: con la festa, dice Aldo con un'espressione suggestiva, "resta un credito che deve essere pagato dalla realtà"[66]. Non può restare inerte, passiva, immobile. Deve mutare, se non oggi, in un domani che non sappiamo e che probabilmente non vedremo, ma che non possiamo a priori escludere che arrivi. E allora la più piena educazione alla morte è nella festa con i morti e i vivi, tutti, non smettendo di lottare certo, ma pregustando il sapore del futuro insieme a loro, uniti.

[65] Capitini, 1968b, p. 21.
[66] *Ivi*, p. 22.

L'occhio poetico e innamorato diviene in Capitini *tripudium*, movimento gioioso ed esultante, capace di *aprire il varco attuale della storia.* L'uomo e la donna persuasi si ritrovano oltre quel varco e da lì, immersi nella *tramutazione* come in un fiume poderoso, possono osservare il passato-presente e rivolgere ad esso un appello alla *tramutazione.*

L'azione nonviolenta, che sostanzia l'apertura alla compresenza, infatti, non può lasciare la realtà inalterata, la ricostruisce incessantemente di una sostanza radicalmente rinnovata: nata dall'apertura è a sua volta aperta, sporge sui fatti, chiede un ulteriore impegno perché la *realtà liberata* si avvicini al presente. Chiama a sé la realtà, mettendola in moto. Interpella ogni persona a rivolgere a sé e agli altri quella domanda, a guardarsi nello specchio del proprio agire, sapendo che si potranno sempre aggiungere passi oltre la realtà limitata. Fino a rivoluzionarla.

La persuasione tratteggia una personalità appassionata e indomabile, che vive a tinte forti la consapevolezza delle storture. È per questo che il soggetto persuaso, pur vivendo la festa, non è pacificato, sereno, tranquillo. Turbato dalle vicende del mondo, ferito da una storia millenaria di distruzione, scosso dai limiti che la natura infligge alle sue creature, trova nella sua stessa persona la sede prima di un senso di insoddisfazione lacerante. Il dramma appartiene al soggetto costitutivamente, non solo in quanto centro di osservazione rivolto e aperto all'esterno, e che dall'esterno è colpito, ma anche come centro autoriflessivo, che prende coscienza della condizione limitata che gli appartiene. Al termine di una delle sue opere pedagogiche, *L'atto di edu-*

care, del 1951, non a caso proprio nell'ultima pagina, dopo il suo percorso sull'educazione, Capitini torna a ribadire il senso di questo dramma:

> *Il dramma dell'io individuale sta proprio nell'estrema difficoltà di accertare la propria liberazione [...] Quando l'atto estetico sia portato al punto festivo, l'atto educativo al punto di salutare nell'educando la differenza qualitativa della realtà nuova, l'atto di pensiero al punto dell'apertura a nuove categorie, l'atto sociale alla persuasione dei valori aperti ai tutti come società nuova, si può, guardando il proprio io individuale, vederlo nella realtà liberata. Senza percorrere quella via, senza aprirsi lietamente, come in un mattino, a quegli atti, l'io individuale resta fenomenico, sconosciuto, di qua dalla liberazione.*[67]

Ma è proprio da qui che comincia la rivolta, la ribellione. Lo stesso ribadire la verità della compresenza è un atto di dissenso. La compresenza è "il contrario della realtà come si vede comunemente"[68], e chi giunge a coglierne la verità si pone irrimediabilmente "contro" la *realtà com'è*, facendosi centro propulsore di una visione alternativa promuovendo una rivoluzione che coinvolge tutti gli aspetti dell'esistenza: "Questa eliminazione degli scoscesi confini dell'io non verso il tutto [idealismo, storicismo], ma verso i tutti [...] è una rivoluzione contro la realtà come si presenta"[69].

Dramma, disappunto, protesta non sono solo al principio del percorso e nelle tappe intermedie verso la *realtà liberata*, poiché neppure questa ne è immune. Essa, configurandosi come realizzazione piena della liberazione, non è collocata né nel presente, né nel futuro prossimo, ma è realtà escatologica, finale. Rappresenta un termine ideale, perfettamente chiaro a chi la scorge nell'apertura alla compresenza, ma dolorosamente lontana; è quindi termine di

[67] Capitini, 1951b, p. 128.
[68] Capitini, 1967a, p. 78.
[69] *Ivi*, p. 76.

confronto costante col presente e mantiene in sé tutto il dramma della tensione, che viene rinfocolato dal contatto con la sofferenza:

> *Oltremodo drammatica è la realtà di tutti perché ravvisa in noi il senso dell'insufficienza di uno stato di cui quasi ci accontenteremmo ottusi, e ci riaccende la protesta contro l'umanità-società-realtà attuale, e il dolore per ogni essere che vediamo soffrire, anche il gatto morente che ho visto questa mattina nell'angolo di una strada e che ha alzato lo sguardo dei suoi occhi celesti e ancora brillanti verso me che lo chiamavo; ma nel farci vivere profondo il dramma, ci radica il senso della liberazione, dell'autenticità della realtà in cui tutti gli esseri sono presenti.*[70]

Come si evince, il sentimento di insoddisfazione è la primissima base dell'impianto capitiniano e se questo porta a conoscere il mondo, "il 'conoscere' il mondo è connesso con il volerlo cambiare"[71]. Se ci si fermasse qui, non sarebbe chiara la direzione del dramma, che non può esaurirsi in se stesso, che non trova nel dissenso il punto finale. Tutt'altro. Esso è piuttosto lo stato d'animo di chi vigila costantemente sulla realtà, ma che in essa vuole innestare il seme della liberazione.

L'inquietudine del soggetto è costantemente rischiarata dal mattino che gli va incontro. Il disappunto e la protesta sono momenti necessari, ma sarebbero a loro volta affetti dal limite se non venissero accompagnati dalla *lieta apertura* che inonda di luce il dramma e permette all'io di fuoriuscire dalla sua fenomenicità, dall'oscurità in cui la sua condizione apparente sembra collocata.

La dimensione festiva è forse la più rappresentativa del pensiero capitiniano e in particolar modo di quello educativo, ncl quale il fanciullo sarà definito *il figlio della festa*. Nonostante ciò, questo tema è stato meno approfondito di

[70] Capitini, 1951b, p. 50.
[71] Capitini, 1967a, p. 23.

altri, forse perché si tende a pensarla come punto di arrivo: la nonviolenza porterà alla festa, al *domani sperabile* che è il compimento della compresenza e coincide con la festa. La immaginiamo così, come un termine finale, legato all'escatologia della compresenza, in una sequenza logica che si avvia con il riconoscimento del limite, e prosegue con apertura, *tramutazione*, festa. Certamente non è sbagliato, poiché l'atto nonviolento ha il potere di modificare strutturalmente la realtà, di introdurre una fenditura nel corso della storia che fa deviare la strada della violenza introducendo la novità radicale, spiazzante, tramutante, rivoluzionaria.

Esiste però anche il movimento inverso, suggerisce Capitini, cioè quello di una dimensione – quella festiva appunto – che conduce alla nonviolenza, diventando parte integrante e fondante del processo educativo. La fenditura esiste già nella realtà limitata; questa non si presenta come un blocco chiuso, ma è porosa e fissurata. In quei punti – che sono le tante espressioni festive di cui è costellata la vita sociale di ogni gruppo umano – avviene continuamente un passaggio, un passaggio di luce, un passaggio energetico. Per Aldo la festa è il momento che si innalza, per un carattere qualitativo superiore, sopra il flusso feriale, supera – non solo simbolicamente – la realtà limitata e, facendosi preannuncio della *realtà liberata*, fa pregustare il mondo oltre il varco della storia in quanto espressione della gioia che attraversa e circola tra le persone e i viventi, punto di maggior avvicinamento alla realtà della compresenza dei morti e dei vivi. Aperta più degli altri giorni, può diventare, da momento di mero riposo o divertimento, occasione di unità con gli altri, di vicinanza ai deboli e ai morti, di contemplazione che porti a "una comprensione più amorevole e anche perdonante"[72]. Nella festa, l'essere umano riguadagna una libertà dalle attività "amministrative", che consentono di produrre e guadagnare e può rivolgere *il tu a tutti* elevandosi a

[72] *Ivi*, p. 3.

quell'*unità-amore* che realizza nell'istante la liberazione. La ritualità della festa è caratteristica meno importante della sua intrinseca religiosità, che permette di ritornare al centro, di riappropriarsi di un silenzio nel quale morti e viventi non appartengono più a dimensioni separate, sani e malati non realizzano il valore a livelli ineguali, umani e non umani non si collocano più su piani incomunicanti.

La festa
(da A. Capitini *Educazione aperta*, vol. I, p. 3)

Il giorno della festa è il più aperto degli altri giorni: è libero dal lavoro consueto, dalle consuetudini dell'attività che svolgiamo per guadagnare e per soddisfare il lato amministrativo dalla nostra vita. Non è soltanto un giorno di riposo, di distensione, di divertimento; ma può essere un giorno di elevazione, di maggiore silenzio, di uno sguardo contemplativo sulla realtà, di raccoglimento pacato con noi stessi e di incontro disinteressato con gli altri; talvolta la festa è occupata da alte musiche orchestrali. In quel giorno si può sentire un'unità elevata con tutti, una comprensione più amorevole e anche perdonante, e si va vicino a chi soffre per stabilire un'unità più profonda, si va anche nei cimiteri con la persuasione che in quel giorno i morti ci sono più vicini. La festa è, dunque, il preannuncio o il maggior avvicinamento possibile finora, alla realtà della compresenza dei vivi e dei morti: sentiamo una solenne presenza che è compresenza. La luce festiva era sacra, questo perché di là da ogni cerimonia che divida credenti e non credenti, ci sembra che unisca tutti, nessuno escluso. E il fanciullo è il figlio della festa, perché con la sua fiducia e la sua apertura, ci preannuncia una realtà liberata dai limiti del passato.

Festa, luce, mattino sono le parole di questa dimensione di bellezza di cui l'essere umano può godere e che anima la volontà di costruire la *realtà liberata* dal versante brillante, come in modo speculare il dramma dell'insoddisfazione rinfocola la lotta.

Della festa c'è dunque bisogno: essa non è dimensione eccezionale, parentesi piacevole in un flusso di giorni anonimi e grigi. Il suo carattere speciale è dato dall'intensità del vissuto e dal fatto che, per ora, quello è il punto massimo che possiamo sperimentare della liberazione. Ma nella compresenza, la festa è il volto quotidiano della vita, il fluire perfetto delle relazioni dell'io con l'altro. È pregnante un'espressione che più volte Capitini utilizza a significare l'importanza di creare occasioni di festa: *iniziative domenicali*, momenti che si collocano al di sopra delle attività di mera sopravvivenza. Liberare, in altri termini, meta finale del persuaso che opera nel mondo per trasformarlo radicalmente, si realizza in pienezza se con progetti e realizzazioni di lotta convivono luminose iniziative di festa.

Dunque nelle fissurazioni della realtà limitata è possibile il transito alla *realtà liberata* ed è possibile viverlo adesso, raggiungere un punto di osservazione da cui il panorama appare diverso. Questo stesso movimento, Aldo lo sintetizza in una delle sue frasi più potenti e vibranti:

Abbiamo tentato di non dare la morte né col pensiero né con l'atto per vedere se la realtà ci seguisse?[73]

In quel "per vedere se la realtà ci seguisse" è concentrato un movimento potentissimo, la *forza atomica della nonviolenza*. Lo vediamo, ci vediamo dentro noi stessi durante il cammino che compie il varco – non dare la morte, né col pensiero né con l'atto – e da quel punto volgiamo lo sguardo al paesaggio che abbiamo lasciato alle spalle e lo incontriamo di nuovo, per vedere se si è messo in moto, se

[73] Capitini, 1964b, p. 145.

quella realtà stagnante nella legge della morte si è accesa dall'interno e inizia a spostarsi anch'essa verso quel varco. Se sta fiorendo.

L'azione nonviolenta quindi non si colloca nel marasma della realtà limitata, dove vige la legge del più forte, dell'*homo homini lupus*, del pesce grande che mangia il pesce piccolo. No, questa è soltanto l'apparenza esteriore, il primo livello di realtà. Ce n'è un'altra, aggiuntiva, che si intreccia alla prima, mescolandosi e nobilitando la realtà limitata. È là che sta agendo l'azione nonviolenta, iniziando subito la celebrazione della compresenza. Da quel punto, come da un promontorio che consenta di contemplare l'intero orizzonte, la festa è l'appello alla realtà limitata, affinché si levi e si incammini; è il braccio che si tende per accogliere e raccogliere i movimenti di questa realtà allo stato nascente, come fa la levatrice, come fa la madre.

Sarebbe un errore credere che questo tratto così materno attribuito da Aldo alla nonviolenza sia prerogativa del mondo adulto: esso invece è proprio del mondo infantile. Come Maria Montessori, ben nota a Capitini, parla del bambino "padre dell'uomo", così Capitini vedrà nei bambini i veri genitori della *realtà liberata*, coloro che le danno la nascita.

Il loro tratto essenziale è la gioia, la gaiezza, la letizia. I fanciulli figli della festa sono l'espressione più alta della realtà e con la gioia essi esprimono riconoscenza per quel che del mondo incontrano; il loro è un "rispondere con letizia alla scelta che fa la realtà di essere piuttosto che non essere"[74] e di presentare problemi nei quali portare un contributo di azione, "occasioni di attività, di amore, di sapere"[75].

Nella visione dinamica della realtà che offre Capitini, la gioia si espande quando è raggiunta una totalità che viene celebrata come un canto di lode, totalità nella quale è visibile un'ulteriore possibilità di elevazione e di unità-amore.

[74] Capitini, 1953, p. 221.
[75] *Ibidem.*

Altrettanto dinamizzante è la gioia quando corrisponde alla "scoperta del comico, del buffo, del distruttivo delle misure consuete"[76]: esiste una allegria che è dirompente, che addita il ridicolo delle strutture paludate e seriose, che smonta le istituzioni del potere e così lascia crollare il vecchio mondo denudando l'essenza della realtà, incrina le abitudini perché "è ammessa la possibilità che questo ordine sia infranto" e si offra "un realizzarsi fresco e inedito"[77]. Capitini ravvisa chiaramente la potenza rivoluzionaria dei sentimenti festosi, che capovolgono la triste logica dell'utile e di ogni ordine che si dia per costituito e fisso.

In questo senso l'educazione ha responsabilità grandissime rispetto ai bambini e ai ragazzi, quando offende e mortifica la gaiezza senza riconoscerla ingrediente essenziale della crescita, non solo dei piccoli, ma, attraverso i figli della festa, della realtà stessa nel suo cammino verso la liberazione. L'acquisizione di conoscenze, ad esempio, non può avvenire senza gioia, perché – Capitini è chiarissimo – "conoscere è cantare la gratitudine"[78], e ormai da tempo le scienze più recenti hanno dimostrato quanto sia fondata questa convinzione (già anticipata da altri, non solo Capitini). Davanti alla tendenza a derubare bambini e ragazzi di questo immenso serbatoio di energia creativa, Capitini ribadisce che "siccome la gaiezza è un canto, non va interrotta arbitrariamente"[79], ma va celebrata e festeggiata e confermata fuori da ogni considerazione utilitaria "appunto perché il fanciullo vi impari una cosa soltanto, ad aver fiducia nella gioia che sente dentro"[80] e ne sia corroborato.

La gioia è senz'altro il tratto costitutivo e più alto dell'infanzia, ma appartiene a tutti gli esseri venuti alla vita, ed è un tutt'uno, come si è visto, col movimento che porta ad at-

[76] *Ivi*, p. 222.
[77] *Ibidem*.
[78] *Ivi*, p. 221.
[79] *Ivi*, p. 222.
[80] *Ivi*, p. 224.

traversare il varco della storia, dalla realtà limitata alla realtà della compresenza. Rispetto alla *realtà limitata*, essa è il di più, il traboccare, lo sgorgare in eccesso che apre e attraversa il varco. Non è quindi strano che la gioia appartenga a chi meglio si colloca su quel varco, l'uomo e la donna che educano. La figura educativa viene pensata infatti da Capitini come la punta di migliore espressione della realtà limitata, come si vedrà a breve, che vive il dramma di appartenere inesorabilmente alla realtà limitata con la propria *coscienza appassionata della finitezza*, ma allo stesso tempo protesa con tutta la sua tensione oltre il varco, dove incontra i *figli della festa*, i bambini e le bambine, coloro che appartengono per costituzione alla compresenza. L'atteggiamento festivo caratterizza quindi tutto il cromatismo della nonviolenza e dell'educazione, colorando di gioia quella inquietudine che non abbandona mai chi è tenacemente ancorato alla verità.

Come l'apertura alla compresenza porta a un rinnovamento interiore totale, così la parola sociale e politica che dice la *tramutazione* sarà *rivoluzione*. Non una parola tiepida, ma intensa, estrema, a tinte forti. Si tratta della stessa forza espressa da Martin L. King, quando si difende dall'accusa demolitiva di essere un estremista argomentando, nel 1963:

> *la questione non è se saremo estremisti, ma che specie di estremisti vogliamo essere. Vogliamo essere estremisti dell'odio o vogliamo essere estremisti dell'amore? Vogliamo essere estremisti per la conservazione dell'ingiustizia o vogliamo essere estremisti per la causa della giustizia? […] il Sud, la nazione e il mondo hanno forse uno spaventoso bisogno di estremisti creativi.*[81]

Nel decennio precedente, in uno dei due volumetti dedicati a Danilo Dolci, *Rivoluzione aperta*[82], Capitini spiega che un riformismo cauto e progressivo gli è insufficiente, perché non mette in discussione la struttura portante della realtà, ma si limita ad apportare modifiche di superficie. D'altro canto le grandi rivoluzioni del passato hanno preteso di ottenere risultati rapidi (spesso solo temporanei) con l'uso della violenza. Nessuna delle due modalità può attagliarsi all'urgenza dei tempi. Capitini, pur prendendo le distanze da quelle rivoluzioni (di cui non contesta il portato storico), non teme di usare lo stesso termine,

[81] King, 1993, p. 12.
[82] Capitini, 1956c.

anzi ci diciamo senz'altro rivoluzionari, proprio perché non possiamo accettare che la società e la realtà restino come sono [...] Ma sappiamo anche che noi non possiamo far tutto e subito; possiamo incominciare [...] ma non possiamo con tutte le nostre poche forze [...] liberare il mondo da tutto il male.[83]

La differenza è nella modestia di una volontà che desidera certamente un *cambiamento totale*, ma che tuttavia sappia comprendere i *tutti* nel processo trasformativo. Le vecchie rivoluzioni, quelle miranti a rovesciare il volto di uno stato o di una società, sostituendo un ordine con un altro, un tutto con un altro tutto, hanno usato la violenza (e non potevano che caderci), perché l'impeto del rinnovamento non poneva al centro esseri cooperanti, ma principi, politiche, istituzioni. La rivoluzione cui pensa Capitini, sulla scorta dell'esempio gandhiano e con espliciti riferimenti all'attività di Dolci, nutre l'ideale attivissimo di una realtà di segno diverso, in cui comunque "lo spirito rivoluzionario è vissuto con un ritmo pressante, impaziente, non rassegnato, non rimandante"[84], ma assume anche la consapevolezza, umile e modesta, che la realtà si cambia a partire dalle persone, con le persone, facendo leva sulla *metanoia*, ovvero sulla capacità di cambiamento intimo di ciascuno. Anche dell'avversario, dell'oppressore, chiamato con un appello morale profondo a partecipare alla *tramutazione* della realtà. Questo aspetto è saliente in tutta l'azione rivoluzionaria nonviolenta, che cioè non intende sacrificare alcun essere – neppure l'avversario – all'ideale di un nuovo ordine astratto, perché l'ideale stesso che la ispira richiede la cura di quei Tutti per tramite dei quali può avvenire. Li vuole vivi, attivi e cooperanti, e li chiama a mettere in moto innanzitutto la propria interiorità e coscienza affinché si esca insieme dal pantano della violenza. Ogni essere umano ha la stessa possibilità di cambiare il segno delle proprie azioni e per questo non verrà escluso dal cammino verso la

[83] *Ivi*, p. 9.
[84] *Ivi*, p. 51.

realtà di tutti. La rivoluzione è quindi *corale* in un senso molto radicale, compiuta non in nome di un gruppo o di una maggioranza contro qualcuno da eliminare, annientare, distruggere, colpire, ma di tutti e con tutti, *non dannando in eterno nessuno*.

Totale, nonviolenta, corale, essa non può che qualificarsi come *aperta*, perché fa e tenta quanto può, nella consapevolezza fiduciosa che quel che non può essere trasformato oggi, sarà aggiunto dal futuro. È aperta perché accoglie gli esiti inediti che emergono dalla fecondità degli incontri e dall'inventiva effervescente che fa dell'azione nonviolenta sempre un agire sperimentale e generativo.

Credo appaia chiaro a questo punto che la rivoluzione per Capitini non sia circoscritta al campo specificamente politico, ma vada a coincidere con l'azione nonviolenta in toto e si declina nel "trittico" di *nonuccisione*, *nonmenzogna*, *noncollaborazione*, vocaboli tutti e tre scritti – come nonviolenza – senza spazi o trattini. Nella nonuccisione, di cui si è già parlato, risiede il fondamento chiave di tutto l'impianto dei padri e delle madri della tradizione nonviolenta, orizzonte da praticare tanto nel pensiero che nell'atto e da estendere instancabilmente, ponendosi in quella tensione generativa che fa scaturire soluzioni laddove oggi ci sono limiti. La nonmenzogna rappresenta il versante relazionale dell'azione, il darsi autentico riportandosi costantemente al centro della propria persuasione per offrirsi al mondo in una nudità e schiettezza disarmati. La noncollaborazione è il lato di questo prisma che guarda all'etica e alla politica con la capacità di dire no al male, di ripulire l'azione del rischio di diventare complici della violenza, attivamente o per omissione, di prendere le distanze scopertamente dalla realtà affetta dal limite. La noncollaborazione è legata al concetto tolstojano di "non resistenza al male con il male", dato che ogni opposizione violenta alla violenza rappresenterebbe una forma di complicità e collaborazione alla stessa logica distruttiva.

Questi tre termini chiariscano una volta per tutte la misura dell'impegno implicato nella scelta nonviolenta e quanto coraggio e saldezza richiedano a dispetto di visioni edulcorate e leggere della nonviolenza. In essa invece risiede un cuore nietzschezianamente tragico. Alcuni anni prima di *Rivoluzione aperta*, Capitini, in *Il problema religioso attuale*, aveva scritto uno dei passi, se non il passo che ritengo più potente dell'intero *corpus* capitiniano:

> agli uomini usciti dalle guerre, agli animi che sentono il peso di un'immensa stanchezza e il bisogno di un riposo che talvolta è persino sogno di annullamento e più spesso idoleggiamento di uno stato lento, comodo, col gusto di piaceri che non vengano tolti; prospettare l'idea e le conseguenze della nonviolenza produce un urto doloroso; ed essi domandano tra stizziti e allarmati: "Ma è così difficile ricomporre una vita tranquilla, una casa, un orario giornaliero, e la fruizione dei beni della terra; e bisogna invece affrontare un problema così sconcertante e paradossale? Noi vogliamo la pace, l'umanità vuole, merita la pace". Penso che questa gente abbia una sensazione esatta.
> È un errore credere che la nonviolenza sia pace, ordine, lavoro e sonno tranquillo, matrimoni e figli in grande abbondanza, nulla di spezzato nelle case, nessuna ammaccatura nel proprio corpo. La nonviolenza non è l'antitesi letterale e simmetrica della guerra: qui tutto infranto, lì tutto intatto. La nonviolenza è guerra anch'essa, o, per dir meglio, lotta, una lotta continua contro le situazioni circostanti, le leggi esistenti, le abitudini altrui e proprie, contro il proprio animo e il subcosciente, contro i propri sogni, che sono pieni, insieme, di paura e di violenza disperata. La nonviolenza significa essere preparati a vedere il caos intorno, il disordine sociale, la prepotenza dei malvagi, significa prospettarsi una situazione tormentosa.[85]

Può apparire insignificante a chi non conosca a fondo la tradizione nonviolenta, eppure l'assenza dello spazio tra "non" e "violenza" racconta la storia profonda di quel vocabolo e nasconde la virtù del coraggio. Gandhi aveva

[85] Capitini, 1948, pp. 57-58.

distinto con chiarezza la *nonviolenza del forte* dalla *nonviolenza del codardo*, dichiarando senza mezzi termini che "nel caso in cui l'unica scelta possibile fosse quella tra la codardia e la violenza, io consiglierei la violenza"[86]. Da *idealista pratico* quale si definiva, Gandhi aveva ben presente che evitare la violenza per paura o viltà non ha nulla a che fare con l'azione nonviolenta e che anzi, dovendo scegliere come lottare per una giusta causa, meglio il coraggio di un soldato che l'inerzia e la pavidità di chi fugge. Superiore a entrambe, è però l'azione persuasa di chi lotta tenacemente in modo nonviolento. E questo esige enorme forza d'animo, coraggio e perseveranza, per due ragioni: perché la lotta è anche interiore e consiste in un lavorio incessante *contro i propri sogni, che sono pieni, insieme, di paura e di violenza disperata* e perché, come ricorda James Lawson[87], occorre uscire dalla logica banale della violenza (io faccio soffrire te più di quanto tu fai o potresti far soffrire me) e dare spazio alla creatività, all'invenzione, possibile quando l'azione trasformativa non è in capo a un leader, ma è azione corale con tutti.

Quando Capitini giunge a usare la parola *nonviolenza* è ben consapevole di voler tradurre sul piano anche ortografico e lessicale la forza rivoluzionaria dell'azione nonviolenta, che non è mera antitesi, opposizione e lotta alla violenza – pur necessaria – ma è costruzione attivissima di una alternativa di segno radicalmente diverso. È, appunto, rivoluzione, *varco attuale della storia* e sua riscrittura.

Anche Gandhi aveva sperimentato potenzialità linguistiche inesplorate per dire il metodo che andava nascendo in Sudafrica attraverso la sua azione. Egli, da induista, era venuto a contatto, per formazione spirituale soprattutto materna, con il concetto di *ahimsa*, atteggiamento, disposizio-

[86] Gandhi, 1996, p. 18.

[87] Lawson, 2022. Attivista e docente, il reverendo Lawson è stato il formatore all'azione nonviolenta più noto negli USA. Coordina la celebre campagna di Nashville, documentata nel dvd "Una forza più potente".

ne nonviolenta, caposaldo della vita interiore, perno della conversione spirituale. In Sudafrica, durante le lotte per i diritti delle comunità asiatiche, aveva già avviato campagne di azione nonviolenta che facevano capo, in maniera generale, ai concetti espressi in inglese con *passive resistance* e *civil disobedience*. Nel tentativo di dare una traduzione a questi due concetti che potesse rispecchiare meglio la novità delle campagne, il 28 dicembre 1907 sull'"Indian Opinion" Gandhi pubblica un bando destinato alla comunità, affinché venga creata una parola che colga l'essenza della lotta che si stava svolgendo[88]. Siamo al principio, Gandhi non ha ancora elaborato una dottrina, una teoria sull'azione nonviolenta in fase di sperimentazione e, in verità, egli la considererà sempre in costruzione, aperta creativamente a nuovi possibili e inediti *esperimenti con la verità*. Nel 1907 però, quello cui aspira è trovare una parola che non sia nella lingua degli oppressori, anticipando una delle domande chiave del pensiero della decolonizzazione: possono gli oppressi usare la lingua e il vocabolario degli oppressori per nominare la propria liberazione? La domanda è tanto più radicale quanto più innovativo è il metodo da battezzare. Il cuore di questo metodo sta nella scelta precisa di non generare sofferenza nell'avversario, ma nell'optare coscientemente per la propria sofferenza (accettando il carcere, ad esempio) per condurre una lotta giusta.

In *indi*, *urdu* o *gujarati*, grazie al patrimonio rinveniente dal sanscrito, è possibile unire parole per crearne di nuove. Pochi giorni dopo, Gandhi già condivide le proposte pervenute e si sofferma sulla parola *sadagraha*, suggerita da suo nipote Maganlal: *sadagraha* sta per "fermezza in/adesione a una buona causa". Partendo da *sadagraha*, Gandhi perfeziona quella che poi diventerà la parola storica dell'azione nonviolenta, il *satyagraha*, tradotta abitualmente "la forza della verità". La parola *agraha* indica l'ancoraggio, il radi-

[88] Manara, 2007; 2008.

camento, evoca il senso della tenacia e della perseveranza, per cui una traduzione che può avvicinarsi con maggiore accuratezza a questa parola intraducibile sarebbe "rimanere ancorati alla verità", attenersi, perseverare tenacemente. Un concetto molto "orientale" (mi si passi la grossolanità dell'aggettivo) di azione, di forza, che rigetta l'attivismo prometeico mosso dalla fede cieca nelle umane sorti e progressive e crede invece nel potere di un'azione radicata nell'interiorità e nella persuasione. Il *satyagraha* indicherà "i principi di una strategia del tutto particolare di conduzione e soluzione dei conflitti"[89] e, se si guarda alle campagne in cui le tecniche della nonviolenza sono state utilizzate anche negli Stati Uniti o in Sicilia con Danilo Dolci e alla loro durata nel tempo (anche di anni), si comprende come la tenacia e la perseveranza nel perseguire un fine giusto con giusti mezzi siano qualità che si traducono sia nella dimensione organizzativa, che nella strutturazione temporale dell'azione nonviolenta.

Quando Capitini delinea la sua teoria della nonviolenza ha ben chiari i riferimenti gandhiani anche in questo aspetto: la rivoluzione corale condotta con tutti, lo è anche con gli avversari. Inizia a chiarirsi che la relazionalità definita nella cornice nonviolenta introduce la distinzione tra "avversario" e "nemico" all'interno del conflitto. La lotta si attesta come nonviolenta perché declina sia nel fine che nei mezzi il principio di fondo di minimizzare la sofferenza di tutti, avversario compreso; essa cioè si ispira al principio secondo cui è giusto lottare per la riduzione e la fine della sofferenza di tutti i soggetti che subiscono violenza a più livelli, e realizza la lotta attraverso metodi non dissimili qualitativamente dai fini, cioè nonviolenti nella loro processualità. Il nemico, in questo contesto, non esiste più: nessuno è nemico. Al più potrò parlare di avversario e non gli scaglierò contro alcuna forma di azione distruttiva, né

[89] Pontara, in Gandhi, 1996, p. XLI.

fisica né psichica, né totale né parziale. Mi ci avvicinerò, anzi, disarmato, da ogni punto di vista. Rispetterò le sue festività religiose; non turberò la tranquillità della sua famiglia; omaggerò la sua disponibilità e collaborerò quando farà passi in mio favore o a favore del gruppo per cui lotto, abbassando il profilo del conflitto; riconoscerò il suo valore in quanto essere venuto alla vita mio pari e soprattutto crederò (qui è una delle qualità religiose più evidenti della nonviolenza) nella sua possibilità di prendere coscienza di ciò che è bene, nel suo potenziale morale. È a questo che si rivolge la scelta precisa e radicale di non portare mai con sé armi di alcun genere: essere inerme è tutto fuorché un atto di viltà, non è rinuncia a usare le armi per paura, ma volontà chiara di offrirmi all'avversario nella purezza delle intenzioni, comunicandogli con questo la mia fiducia nella sua capacità etica di superarsi e di comprendere la giustezza della mia causa, fino a farla sua. Portare l'avversario nella mia causa e ottenerne la collaborazione persuasa[90] sarà dunque parte integrante dell'azione trasformativa.

Tutti gli elementi analizzati evidenziano il mix creativo e sempre sperimentale da cui nascono le tecniche del metodo nonviolento. Rispetto ad essi andrebbero sfatati alcuni miti, anzi stereotipi che mostrano, nella coscienza comune, la scarsa conoscenza della nonviolenza, della sua storia e delle sue caratteristiche.

Innanzitutto pensare al e alla *satyagrahi* come imperturbabili, avvolti da un'aura di atarassia, come se fossero distanti, indifferenti alle forti emozioni che accompagnano ogni lotta e aleggiassero sulla realtà collocandosi in una dimensione superiore. L'aggettivo "appassionata" che qualifica nel lessico capitiniano la coscienza della finitezza, offre chiaramente un indizio che la vita interiore e pure quella sociale non sono calmi e sereni. Ma con l'appassionamento c'è senz'altro una dimensione spesso trascurata nei discorsi

[90] Capitini, 1967b.

comuni sulla nonviolenza, che addirittura suona stridente a chi, dopo una certa epoca (gli anni '70), ha associato la bandiera arcobaleno a un che di allegramente anarchico. La dimensione di cui parlo, intimamente connessa ai fini di trasformazione sociale, è la disciplina, il governo delle proprie emozioni, in particolare la paura (della violenza, della persecuzione, del dolore, della tortura, della morte) e la rabbia, che non vengono mai negate o represse, ma riconosciute, comprese ed espresse. È la qualità dell'espressione che cambia e affinché cambi è necessario un vero e proprio lavoro di addestramento, tanto interiore e individuale, quanto relazionale e di gruppo.

Nei filmati sulla campagna di Nashville contenuti nel citato documentario *Una forza più potente* vengono mostrati i seminari collettivi tenuti dal reverendo Lawson affinché gli studenti e le studentesse universitarie che avrebbero partecipato ai sit-in nei ristoranti, si esercitassero a restare presenti e attivi, ma senza reagire in alcun modo a possibili insulti, offese, spintoni, violazioni dello spazio personale, azioni di bullismo verbale e fisico. Ipotizzando un innalzamento del livello del conflitto, dovuto alla drammatizzazione del conflitto stesso, è evidente che controllarsi durante una provocazione, evitando posture, parole e azioni che possano risultare a propria volta provocatorie è il minimo livello di quel controllo disciplinato necessario all'azione nonviolenta. Ed è uno dei tasselli del faticoso lavoro di autodisciplina che coniuga l'intima persuasione di non voler danneggiare gli avversari con la cogenza di un cambiamento della situazione ingiusta.

Occorre soffermarsi anche sull'idea di drammatizzare il conflitto, perché ha a che fare con un altro stereotipo: quello dei toni tiepidi (e quindi, implicitamente, inefficaci) dell'azione nonviolenta. Le campagne per i diritti civili dei neri mostrano con chiarezza la pacatezza dei toni, unita tuttavia a una limpida assertività negli intenti (denunciati sui media su scala locale e via via sempre più ampia) e una esplicita volontà di alzare i livelli di tensione dei conflitti sociali, soffocati sotto la coltre dell'invisibilità, affinché divengano palesi e possano essere oggetto di dibattito pubblico. L'obiettivo non è far scatenare il conflitto in modo violento, ma portarlo a galla, drammatizzarlo – sosterrà sempre M. L. King – ovvero metterlo in scena affinché nel teatro sociale finalmente compaia e ottenga attenzione:

> *L'azione diretta nonviolenta cerca di creare una tale crisi e stabilire una tale tensione creativa che un gruppo, che si è costantemente rifiutato di negoziare sia costretto ad affrontare il problema; essa cerca di "drammatizzare" la situazione, così che non possa più essere ignorata. Accennavo alla creazione di tensione come parte del lavoro del resistente nonviolento. Questa affermazione potrebbe suonare piuttosto sconcertante, ma devo confessare che non ho paura della parola tensione. Ho lavorato e predicato assiduamente contro la tensione violenta, ma vi è un tipo di tensione costruttiva nonviolenta che è necessaria alla crescita.*[91]

Rivoluzionare il mondo senz'armi, appare ora evidente, è iniziare con una rivoluzione interiore e del pensiero per giungere a coinvolgere la comunità tutta intera, oggi diremmo planetaria, e tirarla fuori dal caos[92]. La proposta nonviolenta si colloca in un passaggio d'epoca che in altro luogo[93] ho definito come movimento dalla *Weltanschauung* della scissione alla *Weltanschauung* del legame, poiché sul legame vuole costruire la società del futuro. Quando M. L. King, dal carcere di Birmingham, risponde all'accusa di essere un *agitatore esterno*, giunto da chissà dove a ficcanasare negli affari della città, risponde

> *[…] mi trovo a Birmingham perché qui è l'ingiustizia. […] Inoltre, sono consapevole dell'interrelazione che esiste tra tutte le comunità e gli Stati. Non posso restare tran-*

[91] King, 1993, p. 6.
[92] King, 1970.
[93] Falcicchio, 2020a.

quillamente seduto ad Atlanta e non interessarmi a ciò che succede a Birmingham. L'ingiustizia, ovunque si verifichi, minaccia la giustizia dappertutto. Siamo presi in una rete ineluttabile di rapporti reciproci, legati allo stesso destino: qualsiasi cosa colpisca una persona direttamente, indirettamente colpisce tutti.[94]

Interna alla *Weltanschauung* del legame è la nozione capitiniana di *aggiunta*, che egli propone come caratteristica chiave dell'approccio nonviolento in ogni possibile campo di applicazione. Essa vuole prendere le distanze da una modalità dialettica di avvicinarsi alla realtà dei viventi e delle cose, fondata sulla contrapposizione e sulla distruzione. Il procedere separando, tipico del pensiero e della pratica greco-europei, ha dato esiti oggi discutibili e Capitini ne è cosciente: dal punto di vista gnoseologico ha portato ai due canali conoscitivi della *doxa* e dell'*episteme*; a due modalità espressivo-creative con la distinzione tra arti belle e arti meccaniche, con la sottovalutazione e lo svilimento di queste a vantaggio delle prime; nell'etica ha comportato la frattura tra mondo umano, razionale e per questo superiore, e mondo non umano, ridotto a *res extensa* sottoposta a pure leggi meccanicistiche, verso la quale non occorre agire eticamente; nella politica ha interrotto il dialogo tra mezzi e fini, fondando la possibilità paradossale e distruttiva di usare mezzi violenti per scopi di pace.

Capitini si inserisce pienamente, per quanto senza saperlo, nel novero dei pensatori novecenteschi impegnati non solo nella decostruzione di un modo di essere al mondo – quello occidentale – fondato su questi e altri dualismi, ma anche nella riflessione sulle modalità di riunificazione, sia pure dinamica e non senza drammi interni, tra elementi tenuti a lungo separati. L'esito non è una visione pacificata e "integrata", tutt'altro. Anche da questo punto di vista, non c'è pace ma lotta nell'esistenza di chi sceglie di riunificare

[94] King, 1993, p. 4.

dimensioni che può essere comodo continuare a rappresentarsi indipendenti, perché c'è da compiere un lavoro di pensiero complesso e faticoso, e tanto più complesso e faticoso quanto più legato alla pratica attiva della nonviolenza.

L'aggettivo che esprime e sintetizza l'atteggiamento capitiniano è *religioso*, dove il significato di legare-insieme diventa preminente rispetto ad altri etimi. Religiosa è l'apertura al tu-Tutti, religiosa è per ciò stesso la polemica contro una realtà che nega spazio ai tutti e l'insoddisfazione che ne scaturisce. Religiosa è l'intelligenza delle cose che viene generata da una prassi intimamente unificatrice: la compresenza. E nell'uso della parola intelligenza non c'è solo l'eco dell'etimo di *intus legere*, leggere dentro, penetrando a fondo nelle cose. Non c'è solo questo perché leggere dentro può diventare, al limite, atto violento, da un punto di vista conoscitivo, e non solo. Per secoli le gnoseologie e le epistemologie (ma non di rado, per estensione, anche le etiche e le scienze politiche) sono state fondate sulla logica del penetrare dentro le cose, aprendole, scomponendone le parti e sezionandole. È quella che altrove ho chiamato *l'epistemologia del cacciatore*.

All'atto di dividere ciò che nasce unito in pezzi concepiti come indipendenti e isolabili gli uni dagli altri, e anzi conoscibili nella loro intima struttura solo se analizzati separatamente, si associa l'atto di sezionare un essere che, inevitabilmente, ha già perso o perde nel sezionamento la vita. Si pensi all'autopsia, un procedimento che assurge a simbolo della conoscenza di tipo positivistico e rappresenta in modo simbolico la violenza possibile del "leggere dentro". Quella conoscenza resta indelebilmente inficiata dalla morte, visto che l'osservatore non potrà osservare i processi vitali nel loro dispiegarsi. Per molto tempo, l'intelligenza del mondo, e quindi la possibilità di una conoscenza valida, ha avuto questi presupposti, che fanno capo tutti alla logica della separazione: non solo quella tra le parti dell'oggetto, ma anche quella tra osservatore e oggetto osservato, che non devono entrare in contatto fisico o affettivo-emotivo; tra setting sperimentale, recinto ritagliato e allestito intenzionalmente fuori dalla realtà naturale e mondo delle pratiche quotidiane; tra attività scientifica ed etica e politica.

Nell'intelligenza però ci sono altri significati, che raccontano di un diverso modo di approssimarsi alle cose, non antitetico al primo ma che può aggiungersi ad esso rendendolo meno freddo, aprendo possibilità conoscitive e di azione di segno diverso. C'è anche, di nuovo, un "legare nel profondo", cioè un andare alla ricerca di nessi e interdipendenze nella realtà, elaborando una visione del mondo in cui conoscere la tessitura della trama – la "struttura che connette" di Gregory Bateson[95] – è più importante che isolare i singoli fili. La relazione tra le parti, non più concepite isolabili, ma dentro un processo che le tiene unite e in vita diventa il principale scopo della ricerca, mentre si va affermando l'idea che osservatore e osservato (non più "oggetto") sono entrambi agenti, protagonisti di una processualità circolare e ricorsiva che li vede tutti costruttori della conoscenza e della realtà, partecipi dello stesso "evento" (come nell'ermeneutica). Cade la scissione tra apparenza e realtà vera, perché le apparenze, nella loro datità, sono la realtà (come nella fenomenologia). Il soggetto – conoscente o agente che sia – cessa di "aggredire" le cose, spingendosi verso di loro (magari impugnando un bisturi), ma lascia che siano le cose a narrarsi, a darsi nel loro svolgersi quotidiano.

Capitini non parla esplicitamente di questo, ma si coglie nei suoi scritti la vicinanza a un grande e molteplice filone di pensiero che accomuna epistemologi, pensatori, educatori e pedagogisti di un Novecento che Capitini non ha potuto conoscere ancora, i quali hanno lavorato – i lavori sono in corso – per riformulare una tradizione secolare, millenaria, alla luce di spunti che talvolta corrono sotterranei nella stessa tradizione greco-europea. Capitini recupera piena-

[95] Bateson, 1984.

mente i significati di intelligenza e di religione che tornano a intessere legami tra le cose e tra i viventi, legami aperti alla vita e al libero svilupparsi di ognuno, sottraendoli alla logica violenta (ancora una volta sia da un punto di vista conoscitivo che di azione) della separazione e dell'esclusione.

È possibile verificarlo tornando al percorso iniziato: nonostante il vissuto del soggetto persuaso e coinvolto nella scoperta della compresenza sia un vissuto drammatico, incardinato sul sentimento e l'esperienza anche dolorosa del dualismo tra presente e futuro, limite e liberazione – e anzi l'educazione stessa per essere efficace dovrà essere fondata su una tensione, su una viva dualità che renda più acuto questo stridere – tuttavia l'atto del soggetto, mentre diventa atto aperto, si rasserena e di quella dialettica non resta che la tensione a unificare la realtà nel segno della liberazione, dei Tutti, dei valori. Il significato di questa unificazione non è quello dell'anelito a un'unità originaria cui ricongiungersi dopo la caduta o alla ricostruzione di un Tutto che soverchia i singoli. È un'unificazione come *tramutazione* intima di ciascuno e radicale cambiamento delle strutture religiose, sociali, politiche, economiche, sì da ridurre il divario oggi così forte tra *realtà com'è* e *realtà liberata*.

L'aggiunta fa da ponte tra passato e futuro, ponte che consente il superamento di una realtà chiusa senza distruggerla, senza rinnegarla, senza ucciderla, ma cogliendo anche in essa elementi valorizzabili. È il metodo nonviolento per eccellenza e attraversa ogni piega del pensiero di Capitini. È il modo di avvicinarsi alle cose, al pensiero altrui, alla storia, ai singoli tu, apportando un elemento trasformativo – delicato e forte – che prima non c'era. Aggiungere è l'azione del soggetto aperto, che non demolisce ma *accetta tramutando*, che non subisce passivamente, ma dona un "di più", inserendo nuovi elementi che avvicinano alla liberazione[96].

È su questi presupposti che la tradizione elabora una ri-

[96] Bobbio, in Capitini, 1969, p. 24.

voluzione senz'armi che non è solo sociale e politica, ma diventa rivoluzione delle rappresentazioni del mondo, delle mentalità e delle scritture possibili della storia umana radicandosi nello svolgersi feriale dell'esistenza quotidiana.

Lentius, profundius, suavius: IL RADICAMENTO NEGLI STILI DI VITA

Il lessico gandhiano e quello capitiniano esprimono concetti analoghi rispetto ai soggetti coinvolti nella *tramutazione* della realtà: tutti. Si è visto che l'orizzonte di tutti è per Capitini non una linea di confine, ma un punto di apertura infinita, nel quale hanno un posto speciale i deboli, l'insieme dell'umanità marginale e reietta, eccedente.

La *realtà di tutti* si traduce in una prassi di cittadinanza che chiede l'apertura dei concreti processi decisionali a tutti. Capitini conia il neologismo *omnicrazia* per identificare pratiche che alle attuali aggiungono progressive aperture in direzione dei Tutti. A costruire il mosaico dell'omnicrazia sono indispensabili per lui tre tasselli:

– il *controllo dal basso*, che mette nelle mani dei singoli e dei gruppi la capacità di verificare direttamente l'operato dei rappresentanti e degli amministratori, cercando un'informazione accurata e veritiera;

– il *potere dal basso*, che sgretola l'impero delle burocrazie – quella militare in testa –, per riportare la vita politica alla quotidianità di ciascuno e ridare voce non solo agli esclusi, ma alle moltitudini (Capitini non ama la parola massa, usata spesso in modo svalutativo);

– il *potere di tutti*, quindi la valorizzazione dei processi di empowerment di fasce di popolazione periferiche e marginali.

La concezione del cittadino che emerge mostra che la politica non è una professione per pochi esperti[97] destinati a detenere un sapere settoriale e incomprensibile ai più, ma il terreno abituale della vita di ciascuno. Ne deriva un cambiamento nella configurazione stessa del potere, che tramuta la vita della polis, la modifica radicalmente nelle sue strutture portanti: i due livelli, quello istituzionale e quello del quotidiano della gente, vengono riunificati e riportati al soggetto primario, il cittadino. Cambia così il rapporto tra privato e pubblico, dilemma della modernità: la frattura di origine greca tra *polites* e *idiotes* cade. Tra questi due poli, messi in rapporto dialettico nella tradizione occidentale, Capitini vorrebbe trovare una riconciliazione progressiva – di aggiunta in aggiunta – attraverso la costituzione di *centri* comunitari attivi, autogestiti, capaci di esercitare il controllo dal basso e di indebolire la forza dei luoghi di potere fino a frantumarli. Esperimento che condurrà felicemente con i Centri di Orientamento Sociale[98].

In questo modo, Capitini riporta in primo piano un altro dilemma della modernità industrializzata: la dicotomia tra centro e periferie. Il significato di "centro" è diverso nel lessico capitiniano rispetto all'uso comune del termine: solitamente il centro è il luogo dove si sommano potere decisionale, politico, economico, e al quale è attribuita una superiorità in termini di benessere, qualità della vita, possibilità di lavoro e di svago, mentre le periferie rappresentano i margini ininfluenti, che subiscono le decisioni centrali, degradate, impoverite, non di rado devianti, dove alla scarsa cura urbanistica, del verde, dell'offerta culturale corrisponde un'inferiorità stigmatizzante ben sintetizzata dalla locuzione "quartiere dormitorio". Spaccatura sanguinante nel tessuto sociale dell'occidente, dal tardo Settecento in poi, il

[97] Weber, 2004.
[98] Capitini, 1995.

dilemma centro/periferie viene sanato dalla tradizione nonviolenta con l'attenzione a due livelli del discorso:

1. il decentramento del potere, che vede la costituzione di comunità policentriche, in grado di minimizzare le periferie fino a farle scomparire;
2. la focalizzazione sulla piccola comunità autogestita come unità di misura della vita socio-politica.

Il tema del decentramento si trova sviluppato in Capitini nella *teoria del centro*, parola con cui egli intende ogni singolo, realtà, gruppo che, persuaso della nonviolenza, si fa fulcro di irradiazione di nuove relazioni umane e, da qui, di pratiche di vita collettive. Il centro, che realizza oggi la compresenza perché aperto al contributo di tutti, è per sua natura orizzontale, non istituzionalizzato, con una organizzazione minimale, e ha come obiettivo primario la coltivazione di relazioni attraverso la cooperazione. Gli è estraneo il funzionamento della macchina in quanto tale, la cristallizzazione dei ruoli in gerarchia, la rigidità burocratica, la spersonalizzazione. Quel che ne scaturisce è essenzialmente una politica dell'aver cura, che si commisura meglio a realtà di piccole dimensioni.

La focalizzazione su entità comunitarie non troppo estese, popolose e burocratizzate, si trova tanto in Gandhi che in Capitini, i quali attribuiscono al villaggio, al piccolo paese le caratteristiche che meglio rappresentano i temi chiave della nonviolenza: le relazioni corte sono più facili e diffuse; è più agevole sia coinvolgere che partecipare ai processi decisionali; le decisioni sono più vicine alle esigenze dei membri; il controllo dal basso è più facile da attivare.

Su piccola scala, sostiene Gandhi tenendo a mente soprattutto l'India dominata dagli inglesi e colonizzata dalla cultura occidentale (ma l'indicazione è quanto mai attuale), sono possibili lo *swaraj* e lo *swadeshi*. Lo *swaraj* è l'autogoverno, l'autonomia, e anche l'autocontrollo che "implica il desiderare per ogni altro individuo, gruppo, popolo quella libertà, quell'autonomia e indipendenza che si desidera per sé, per il proprio gruppo o popolo"[99]. Lo *swadeshi* è la fiducia in sé, l'autosufficienza, come capacità di trarre il meglio dalle risorse interne della comunità, "valorizzazione delle proprie risorse, personali e della propria comunità, della propria cultura, delle proprie tradizioni, della propria lingua, dell'ambiente in cui uno è cresciuto e vive; si riferisce anche alla fiducia nella propria forza, quella forza che viene dall'assenza di paura"[100].

Swaraj e *swadeshi* consentono di resistere alle forme di sfruttamento operate dai poteri forti, politici ed economici, di resistere ai tentativi di colonizzazione materiale e culturale, attingendo al patrimonio che ciascun individuo e ciascuna comunità, in virtù della propria storia, hanno coltivato e che rappresentano la forza attraverso cui riguadagnare libertà e progettare attivamente una vita collettiva diversa. Anche in Gandhi ritorna il tema dei Tutti, quando parla di *sarvodaya*, il benessere di tutti come del fine terreno della comunità ispirata dalla nonviolenza. Il *sarvodaya* non tocca solo l'aspetto materiale, economico, ma con l'attenzione alla vita del corpo (la vitalità per Capitini) e dei mezzi di sostentamento, comprende il tema dello sviluppo interiore del *satyagrahi* e quello culturale della comunità. Il potere di tutti e dal basso, *swadeshi* e *swaraj* sono la base per costruire il *sarvodaya*, uno stato dinamico di ben-vivere nel quale ciascuno è fruitore e promotore di un'esistenza sobria, che lede il meno possibile l'esistenza degli altri. Si tratta della povertà volontaria o *aparigraha*, la scelta di sottrarsi alla logica iperconsumistica in quanto logica predatoria che costruisce la ricchezza di pochi sulla miseria di moltissimi e sul violento sfruttamento dell'ecosistema. Si tratta del "valore della semplicità volontaria", già proposto nel 1936 da

[99] Pontara 2006, p. 282.
[100] *Ivi*, p. 277.

Richard Gregg[101] in un testo che è stato il riferimento per gli uomini e le donne amici della nonviolenza e di quella valorizzazione langheriana della "semplicità sostenibile"[102] e dei molti modi di "essere piccoli"[103].

L'autosufficienza, l'autogoverno, la centratura sulla piccola comunità però non sono segni di chiusura nella dimensione micro, isolata dagli altri centri o dalle dinamiche che, allargando il raggio di cerchi concentrici, sono oggi più che mai planetarie. Lo sguardo rimane sempre aperto alla *massima comunità pensabile*[104], alla ricerca di solidarietà sempre maggiori e anzi la focalizzazione sul piccolo rappresenta un modo per lavorare in profondità sull'intero, in un'ottica sistemica. La forte critica a forme di potere accentrato in mano a pochi, che siano dominatori esterni come nell'India di Gandhi, i proprietari terrieri della Russia di Tolstoj, le gerarchie fasciste o i partiti del secondo dopoguerra per Capitini, il potere criminale della mafia nella Sicilia di Trappeto e Partinico, rimane una costante del pensiero nonviolento. Essa chiama a tenere vigile l'attenzione su ogni potere e autorità che si configura come foriero di diseguaglianze, miccia che alimenta disparità ed esclusioni.

Sulla base di queste riflessioni, la città amica della nonviolenza è policentrica e reticolare, i suoi margini rappresentano luoghi fecondi e non periferie derelitte, animata da una vita relazionale intensa, anche conflittuale, vissuta in modo creativo. Nel panorama odierno, nel quale il potere politico tradizionale si confonde ed è connivente con il potere economico, che a sua volta si configura come "capitalismo della sorveglianza"[105], la vita della polis si qualifica sulla base degli stili di vita individuali e collettivi. Essi, per risultare vicini alla nonviolenza, hanno da dichiarare il no

[101] Gregg, 2012.
[102] Langer, 1996, pp. 276-278.
[103] *Ivi*, pp. 279-281.
[104] Capitini, 1967a, p. 125.
[105] Zuboff, 2019.

a un modo di vivere e di consumare che offende, stupra, umilia, violenta, esaurisce, uccide altri esseri umani, altre specie viventi, l'ecosistema intero, affermando al contempo pratiche generatrici e condivise di vita. Appare evidente che la tradizione nonviolenta anticipa con grandissima lungimiranza la visione ecologica, intendendo sia un nuovo modo di concepire il rapporto con la natura, sia l'epistemologia naturalistica, un approccio conoscitivo non dialettico ma dialogico e duologale[106], capace di riconoscere finalmente le connessioni che uniscono tutti gli esseri. Concepisce un'azione umana di unificazione e riconciliazione, di gratitudine e restituzione, invece che di frattura e sfruttamento, di appropriazione e distruzione. Ecco, gli uomini e le donne della nonviolenza hanno anticipato sensibilità e visioni. Tra i più vicini alla contemporaneità, Ivan Illich[107], tra i profeti della *crisi energetica* e delle possibili contromisure, e Alexander Langer, primo a coniare l'espressione *conversione ecologica* e ad aver compreso che per sperarvi è necessario che venga percepita come *socialmente desiderabile*:

> *Senza la scoperta (o riscoperta) del gusto e della capacità di vivere senza un'infinità di protesi tecnologiche, senza il nostro attuale superamento energetico ed alimentare e senza un'alienazione da trasporto senza pari sarà inevitabile che nella scelta sempre più netta tra sviluppo blindato dei ricchi e condivisione planetaria (con la necessaria contrazione nei paesi più sviluppati) la gente appoggerà massicciamente la prima opzione [il consumismo], ritenendosi mutilata da ogni autolimitazione e punita da ogni comportamento meno rapace ed aggressivo.*[108]

Il Novecento ha prodotto un'estesa riflessione sugli stili di vita e un campionario vastissimo di esperienze, che oggi chiedono più che mai di diventare stabili pratiche di vita

[106] Panikkar, 2002a.
[107] Illich, 2006.
[108] Langer, 1996, p. 278.

perché gli umani transitino dall'Antropocene al Symbiocene[109].

Esse finora hanno portato sulla scena e creato una domanda rispetto al consumo critico, etico e partecipato, alla riduzione degli sprechi e dell'impiego di energia, alla difesa dei beni comuni, ponendo il problema del limite alla crescita secondo il paradigma capitalistico, alla tecnologia e all'accelerazione e portando interessanti riflessioni sull'ampia area che va dalla manualità all'autoproduzione, dalla decelerazione e la lentezza alla riconquista di ritmi di vita umanizzanti.

Al consumo che critica, il cui più noto esponente in Italia è Francesco Gesualdi, si affianca il consumo che valorizza l'equità e la solidarietà e quindi sposta gli acquisti dai marchi tradizionali ai prodotti equi e solidali, che garantiscono il giusto prezzo, il giusto trattamento dei lavoratori, il rispetto dell'ecosistema e dei suoi abitanti nonumani. Sebbene siamo lontanissimi da questo genere di economia, cresce e va alimentata la consapevolezza che è possibile per l'umanità scegliere un paradigma di sopravvivenza e sostentamento non predatorio. Siamo all'interno di una transizione tra paradigmi nella quale la *realtà-com'essa-è* cerca in tutti i modi di ostacolare, marginalizzare e svilire l'avvento di spinte al cambiamento o, più affabilmente, riesce a fagocitarle nel calderone onnivoro del capitalismo, depotenziandole fino a renderle inefficaci. La mole di esperienze che hanno animato tutta la seconda metà del Novecento appaiono spesso ridotte e frammentate, a partire dal dibattito vivace e plurale sul tema della decrescita[110]. I movimenti stessi per i diritti hanno subito una violenta repressione a partire da Genova 2001 e quelli ancora operanti hanno mutato forme di azione, in un contesto globale che, guardando "verso il basso", mostra dispersione e iperstimolazione informazionale, uniti

109 Prescott, Logan, 2017.
110 Latouche, 2021.

a disorientamento e distrazione; guardando ai processi "in alto" vede sgretolarsi tragicamente il sistema dei diritti, del welfare e delle garanzie che parevano acquisiti dopo la II guerra mondiale e che dagli anni '80 sono stati violentemente erosi.

In questo quadro, parlare di stili di vita anticonsumistici spesso rischia di apparire una scelta di nicchia, di élite, una sorta di lusso minimalista o, vista dai poveri, come aveva ben profetizzato Langer, come l'ennesima strategia di ricchi e potenti per depauperare esistenze già allo stremo. Il cambiamento invece necessita di un cambio di rotta che va a intaccare quello che finora è stato considerato il benessere dei più fortunati del pianeta, ovvero standard consumistici elevati, che non possono essere considerati accettabili e sostenibili.

Nel suo ultimo volume, *Dove stiamo andando: verso il caos o la comunità?*[111], M. L. King ricostruisce le fasi di lotta dei neri di quei decenni. Durante la prima fase, che culmina con la marcia di Selma nel 1965 e la legge sul diritto di voto, i bianchi si erano sforzati di "trattare il negro con un certo rispetto, ma non con eguaglianza"[112], ma "quando i negri cercarono la seconda fase, cioè la realizzazione dell'eguaglianza, scoprirono che molti dei loro alleati bianchi erano silenziosamente spariti"[113], perché

> *i bianchi si sono irrigiditi nella loro resistenza, quando si sono resi conto del costo reale. La limitata istruzione data ai negri dovrà in futuro essere acquistata a prezzo pieno, se si deve realizzare un'istruzione qualitativa. I posti di lavoro sono più difficili e costosi da creare che non le liste degli elettori. L'eliminazione dei ghetti, che alloggiano milioni di persone, è un problema complesso, di gran lunga superiore all'integrazione razziale sugli autobus e nei ristoranti.*[114]

[111] King, 1970.
[112] *Ivi*, p. 12.
[113] *Ivi*, p. 13.
[114] *Ivi*, p. 15

M. L. King aveva messo il dito nella vera piaga del razzismo americano[115]: la segregazione e la negazione dei diritti, antiche quanto la schiavitù, si accoppiavano allo sfruttamento economico e al mantenimento di uno stato di povertà e subalternità schiaccianti sulle quali si era costruita la più grossa potenza economica mondiale. Povertà e diseguaglianza erano ora i bersagli dell'azione nonviolenta di King e dei movimenti, ma si trattava di un boccone così indigesto – perché avrebbe comportato la perdita di solidissimi privilegi per i bianchi – che per alcuni critici ha portato all'assassinio del leader.

Facendo un salto temporale di alcuni decenni, nel corso dei decenni successivi agli anni '80 (come precedentemente), il quadro delle diseguaglianze globali è diventato più drammatico e allarmante. Ad esso si aggiunge la consapevolezza che il disastro ecologico è intimamente connesso al sistema capitalistico e alle diseguaglianze che esso produce, non solo tra paesi a diverse latitudini, ma anche all'interno dei cosiddetti paesi ricchi. Nel discorso sugli stili di vita quindi si condensano tutti questi elementi, intrecciati tra loro, ed emergono le stesse criticità evidenziate da King: assumere stili di vita sobri, ponendo un limite alla voracità energetica per rispettare la capacità autorigenerativa della Terra e consentire a tutti di accedere a livelli di sussistenza dignitosi infastidisce coloro che detengono la maggior parte delle ricchezze del mondo, perché intacca direttamente la loro avidità.

Le visioni illichiana e langeriana (e non solo) introducono infatti un concetto/pratica che risulta incompatibile col capitalismo: il limite. Limite alla produzione di beni inutili che diventano obsoleti ancor prima di essere venduti e finiscono nell'immane cumulo di rifiuti che abbiamo ammassato sul pianeta; limite allo sfruttamento delle risorse energetiche naturali non rinnovabili; limite alla crescita economica

[115] Hannah-Jones, 2019.

come unico paradigma; limite alle attività che producono CO_2; limite alla proprietà e al possesso di oggetti materiali che affollano le vite, le case, le menti e i desideri delle persone; limite all'accelerazione delle esistenze e al furto di tempo. Se si assume una visione sistemica complessa e non ci si limita a pensare in termini di sopravvivenza di unità umane, ma anche di qualità della vita, è ormai chiaro che la promessa di un benessere generalizzato e privo di costi non è stata mantenuta.

Ed è sul limite che si costruisce la proposta nonviolenta, ovvero sulla consapevolezza di un confine alla *hybris* umana, a quella tracotanza che sempre, senza eccezione, fa violenza a molti (umani e nonumani) per ingozzare pochi (umani). Attraverso quel confine, che per Capitini è il varco della storia, aprire le porte ai Tutti, compresi animali, vegetali, ecosistemi, significa abbassare gli standard materiali dei ricchi e uscire dal mito di un andamento lineare infinito, di un perenne aumento di beni da produrre, acquistare, possedere e gettare via; di energia da consumare; di velocità da incrementare.

Il crinale del limite sposta l'asse del discorso dalle pratiche di consumo alla postura consumistica, ovvero alla dipendenza nevrotica da beni e servizi che si trasformano in disutilità, ingorgando le esistenze non solo sul piano materiale, ma anche spirituale. Il discorso, in altri termini, non può essere soltanto su come migliorare il consumo, rendendolo più ecologico ed etico, ma soprattutto su cosa davvero vale, una domanda tanto radicale da rischiare di mettere a repentaglio l'intero assetto socioeconomico contemporaneo. Rispetto a questa domanda, due ambiti di riflessione sono, a mio avviso, particolarmente salienti.

Il rapporto con il tempo e il valore della semplicità volontaria

Il tema del tempo rappresenta forse lo snodo più drammatico della contemporaneità. Le esistenze si sono trasformate radicalmente negli ultimi decenni, mostrando la carenza di tempo di libertà, impiegato secondo le proprie inclinazioni o lasciandolo vuoto, aperto alla contemplazione[116]. Le giornate di adulti e piccini appaiono come lunghi elenchi di attività da spuntare, zeppe di impegni strutturati che non lasciano respiro. Non è un caso che proprio la respirazione registri un cambiamento drastico di ritmo, nella nostra epoca: la respirazione toracica, tipica dello stato ansioso, legata alla modalità *fight or fly*, attacco-fuga, rimpiazza la respirazione profonda, addominale, diaframmatica, propria dello stato calmo, con importanti conseguenze sullo stress e la salute psicofisica[117]. Siamo come animali in fuga da un pericolo prefigurato o percepito presente in modo continuativo oppure pronti ad aggredire il nemico appena si affacci la sua ombra. Si tratta di uno stato antifisiologico che protratto nel tempo genera malattia, perché siamo biologicamente programmati per attivare la modalità attacco-fuga solo quando è in ballo la sopravvivenza. Assumerla come condizione di vita significa trovarsi perennemente in uno stato di intossicazione fisica e mentale.

Questo devastante cortocircuito in cui si trovano le nostre esistenze ha molto a che fare con l'accelerazione so-

[116] Byung-Chul, 2017.
[117] Sapolsky, 2014.

ciale e quindi su come è cambiato il nostro rapporto con il tempo.

Quanto questa riflessione sia intimamente annodata al tema degli stili di vita rispettosi degli umani e di ogni altro essere venuto alla vita, lo mostra un celebre libro di Ivan Illich, *Elogio della bicicletta*[118]. La traduzione italiana del titolo originario deforma il focus, spostandolo – sebbene non del tutto impropriamente – su uno degli esiti della riflessione illichiana, ovvero l'uso della bicicletta come espressione della velocità massima immaginabile e sostenibile per gli spostamenti umani in un'ottica di risparmio energetico e rispetto della fisiologia del corpo. Ma il titolo originario, *Energy and Equity*, chiarisce immediatamente che il cuore del discorso non è il mezzo di locomozione, quanto la connessione tra energia, uso, abuso, spreco energetico ed equità. Equità intesa sia su tutti i livelli di scala, dal locale al globale, sia in rapporto a tutti gli esseri, le specie e gli ecosistemi. La lente attraverso cui osservare la nostra epoca in tutti i suoi aspetti è dunque quella della velocità, anzi dell'accelerazione, qualità dell'essere attuale che quasi si attesta come *Weltanschauung*, come visione del mondo, per la sua pervasività in ogni aspetto della vita.

La tradizione nonviolenta, vicina anche a tanta ispirazione religiosa e filosofica che pure non si etichetta esplicitamente come nonviolenta, ha sempre prediletto la lentezza, anche quando – come nel caso di Capitini – non c'è una posizione antimodernista, perché la lentezza consente, sintetizza mirabilmente Langer, la profondità e la gentilezza necessari per ascoltare il battito profondo del mondo e andargli incontro senz'armi.

È questo il tema per eccellenza della contemporaneità, a mio avviso, e occorre soffermarvisi, perché ha a che vedere con l'inganno tecnico-tecnologico che ci ha promesso illusoriamente di liberare tempo attraverso le macchine e con

[118] Illich, 2006.

l'effettivo furto di tempo a cui siamo sottoposti ogni giorno da un ingranaggio sociale che sembra non lasciare scampo. Il tempo non è stato capitinianamente *liberato*: bene di lusso destinato a pochi o vuoto disperato di chi vive l'esclusione, esso è la posta in gioco del futuro, rispetto alla quale la tradizione nonviolenta può dare un enorme contributo culturale.

Capitini, nella sua riflessione su tempo libero e tempo liberato, mostra già negli anni '60 come la partita su cui si gioca l'autonomia mentale e decisionale del cittadino è il libero fruire del proprio tempo di vita, che è tempo di relazione, di piacere, di silenzio e meditazione, di costruzione artigianale, di essenzialità e di impegno a modificare il tempo del lavoro e le condizioni di vita di tutti. Di contatto con la vita, materiale e spirituale.

Il tempo libero non è quello che avanza, nel quale concentrare la cura di sé, risospinta nel tempo eccezionale ed eccedente del fine settimana, della pausa o della vacanza; il lavoro non è l'occupazione pervasiva, praticata di malavoglia per necessità o al contrario polo che calamita tutte le energie: è piuttosto realizzazione per il bene di tutti, luogo ampio nel quale dare vita, prendersi cura della vita della mente per immaginare nuove invenzioni del futuro, dedicarsi alle relazioni per provare a concretizzarle. Il tempo è il bene relazionale più prezioso che la cultura nonviolenta porta con sé, un tempo lento che non vuole e resiste a farsi colonizzare.

Nella lentezza è possibile "coltivare", che è la parola dei frutti della terra, bene comune dell'umanità, è la parola dell'amicizia e dell'amore, delle relazioni forti che si nutrono di quotidiano, ed è la parola dell'educazione. Solo in tempi lunghi di cura è possibile far crescere una comunità capace di non distruggere, esattamente come in tempi lunghi di accudimento è possibile allevare bambini e bambine aperte fiduciosamente agli altri e al futuro. La mancanza di tempo e la fretta sono la cornice culturale che taglia le relazioni, che interrompe la cura, che interferisce con i legami e che genera un'umanità dipendente, bulimica, eternamente alla ricerca di "oggetti di amore" incapaci di riempire carenze primarie. Il consumismo trova la sua forza su relazioni interrotte violentemente, nella cui spaccatura si inseriscono oggetti inappaganti per una "felicità paradossale"[119].

Questa forza ha il suo zoccolo duro in un cambio antropologico intervenuto con l'industrialismo: la linearizzazione del tempo. L'intero universo presenta una ritmica permanente e incessante, anzi una costellazione di ritmi. Il ritmo richiama il carattere ondulatorio, ovvero ciclico della natura, sia nella biosfera terrestre che all'esterno; esso contraddistingue il movimento interno dei viventi. Dalla danza degli elettroni intorno al nucleo al pulsare del cuore, dall'armonia dei corpi celesti al mestruo femminile, siamo fatti di un andamento non rettilineo.

Con l'avvento dell'industrialismo, la linearizzazione del tempo diventa la norma imposta alla società. Le industrie, già a inizio Ottocento, producono "a ciclo continuo" (un ossimoro!); il capitalismo, in quanto visione del mondo pervasiva e onnivora, non concepisce il tempo inutile, che non produce profitto. Fondato sull'accumulazione continua, tende a divorare ogni tempo vuoto, strutturandolo e finalizzandolo, al punto che Jonathan Crary definisce il sonno "l'unica 'costruzione naturale' superstite che il capitalismo non possa eliminare"[120]. Il sonno infatti rappresenta una delle più vistose espressioni della ciclicità umana, e per Crary l'unica a poter opporre resistenza all'assalto del capitalismo[121].

Non è un caso che, mentre le stime segnalano una riduzione progressiva delle ore di sonno dell'uomo in media

[119] Lipovetsky, 2007.
[120] Crary, 2015, p. 79.
[121] Non ritengo sia l'unica forma di resistenza, come ho argomentato in Falcicchio, 2020. Un altro grande momento di ciclicità, da difendere e custodire, è la nascita.

in Occidente e un aumento dei farmaci per indurlo, si fa strada da tempo la ricerca sull'insonnia efficiente, che studia gli uccelli per costruire il prototipo del soldato che non dorme e che, col surplus percettivo della realtà aumentata, possa essere performante nell'assalto notturno (ovvero: uccidere di più e più efficacemente). L'industria bellica potrà traghettare tecnologie, come spesso accade, dalla sfera militare a quella civile, per assicurarsi un lavoratore/consumatore immune dal bisogno di sonno, disponibile 24 ore al giorno, 7 giorni su 7? Al momento non esistono tecnologie in grado di alterare così profondamente il ritmo circadiano, tuttavia la cornice antropologica che giustificherebbe una tale innovazione già è operante: il modello 24/7, fondato su efficienza e connessione permanente, è la punta contemporanea del cambiamento dei ritmi biologici incominciato con l'avvento della modernità e poi incrementato drasticamente, prima con l'industrializzazione, oggi con lo sfondamento della realtà nella telematica, nell'intelligenza artificiale, nella realtà aumentata. L'interfaccia on line delle attività lavorative e private degli individui, a maggior ragione dopo la sterzata dell'era pandemica, ha già normalizzato da anni l'autoamministrazione delle varie identità elettroniche secondo routine sempre più pervasive. La possibilità di lavorare a distanza tramite internet ha fatto sì che si indebolisse la distinzione, tipica della società industriale precedente il web, tra tempo del lavoro e tempo della vita, tra tempo occupato e tempo libero, tra tempo del pubblico e tempo del privato in un unico magma liquido di cui è costituito il 24/7, il tempo dell'indifferenziato. I codici si sovrappongono e il medesimo strumento elettronico funzionale alla prestazione lavorativa fa da piattaforma per le attività ludiche e ricreative, abbattendo le distinzioni già traballanti tra lavoro e riposo.

In questa cornice che uniforma il tempo della giornata e delle giornate, la barriera della notte viene erosa, ancor prima che nel corpo – che resiste ancora – nell'immaginario. Diventa normale navigare in un mare magnum uniforme, non scandito da quel ritmo che connette anche l'essere umano alla natura, attraverso l'alternarsi della luce, il movimento solare, il suo avvicendarsi con la luna, che nell'ambiente tutto artificiale della città rappresentano uno sfondo, una sorta di scenografia. O almeno questa è la falsa percezione che viene indotta dal consumismo.

Funzionale a questo è l'accelerazione di tutti i processi[122]: un tempo continuo, tanto accelerato da risultare immobile e fisso, questo è il modello 24/7, il tempo lineare dell'accumulazione capitalistica, che non ammette pause, interruzioni, alternanza, organizzato secondo l'"esigenza (fondamentale) di coprire attraverso la produzione di una 'ragione' (fittizia) l'oscenità dell'indeterminato"[123]. Non ci si può sottrarre, è un'opzione non prevista. Esso "rappresenta una forma di sovrabbondanza statica che rinnega ogni legame con il tessuto di ritmi e scansioni periodiche dell'esistenza umana"[124].

Per questo svilito e depauperato per secoli, essendo una "enorme quantità di tempo che trascorriamo dormendo, affrancati da quella paludosa congerie di bisogni artefatti [il sonno è una] oltraggiosa resistenza degli esseri umani alla voracità del capitalismo"[125], che dal sonno non può cavare alcun valore. L'assenza del lavoratore/consumatore è un vuoto inaccettabile per il sistema, che tende così sia a ridurre le ore di sonno sia ad accelerare i ritmi di vita al punto da rendere impossibile un intervallo di tempo sufficiente ad adattarsi ai cambiamenti o di tempo inutile da dedicare alla contemplazione, all'immaginazione, alla prefigurazione di un'alternativa possibile. Non affiora alla coscienza che la linearizzazione dei cicli è innaturale e dannosa, rappresenta il tradimento della norma biologica e quindi comporterà

122 Rosa, 2015.
123 De Certeau, 2001, p. 283.
124 Crary, 2015, p. 11.
125 *Ivi*, p. 13.

un danno anche nel medio e lungo termine, che potrebbe cristallizzarsi. I problemi di insonnia dei più ne sono un interessante indizio.

L'accelerazione sociale, dal canto suo, avviata con la modernità anche per offrire rimedio alla penuria di tempo e superare i limiti naturali e sociali, come la malattia o la povertà (si pensi alla velocizzazione dei mezzi di trasporto), raggiunge con l'era informatica livelli così affannosi e totalitari da produrre paradossalmente "la spettacolare e contagiosa 'carestia di tempo' delle società (occidentali) moderne"[126]. Si tratta di un esempio tra i tanti possibili in cui la tecnologia, lo sviluppo, anzi la crescita economica e tecnologica producono "disutilità"[127], danneggiano, tradiscono, segnalando un limite che dovrebbe essere considerato invalicabile.

Sullo sfondo dunque di un'incessante azione fagocitante in cui "l'intero pianeta viene riprogettato come luogo di lavoro perennemente in attività o come centro commerciale che non chiude mai, capace di garantire un'infinita varietà di offerte, di funzioni, di scelte, di alternative"[128], la dimensione al cuore del cambiamento tardo moderno è il tempo.

L'assalto al sonno è dunque non solo assalto al tempo lento, al tempo vuoto e non monetizzabile, in cui il soggetto si sottrae (volente o meno) alla giostra del consumo e in cui si insinuano i sogni con il loro – anch'esso oggi svalutato – dispiegamento di potere immaginativo. L'assalto al sonno attraverso il modello 24/7 è anche il tentativo più pervasivo di forzatura del ritmo ciclico del vivente, il tentativo di negazione della fondamentale caratteristica degli esseri viventi, fatta di azione e inazione, di vita e di morte, attività e riposo, vita esteriore e vita interiore, estati e inverni, giorno e notte, luna piena e luna nuova. In realtà non è possibile un accordo tra gli esseri viventi reali e le esigenze del ca-

[126] Rosa, 2015, p. 15.
[127] Illich, 2014.
[128] Crary, 2015, p. 20.

pitalismo 24/7, nemmeno in presenza delle "innumerevoli sollecitazioni affinché vengano *illusoriamente* sospese o nascoste alcune delle umilianti limitazioni della vita vissuta, biologiche o emotive che siano"[129]. Quella vita vissuta porta con sé una dimensione temporale fatta anche di imprevisti che sfuggono alla pianificazione, "accidentata"[130].

La proposta nonviolenta, espressa mirabilmente dal trittico langeriano *lentius, profundius, suavius* si muove in direzione inversa, mettendoci davanti allo specchio dei nostri bisogni profondi: Alex ribalta il motto olimpico che designa vincitore chi è più veloce, chi arriva più in alto, chi è più forte, finendo col rappresentare una società – quella a cavallo tra Ottocento e Novecento che ha industrializzato la produzione e l'immaginario e – meglio non dimenticarlo – che ha legato a doppio filo quel passaggio epocale con i colonialismi, gli imperialismi e i fascismi, l'ideologia del darwinismo sociale. Anche laddove stava nascendo e affermandosi incontrastata la più grande economia del mondo sotto il segno della democrazia (una democrazia tutt'altro che egualitaria...), si saldava a una ferrea e brutale logica competitiva.

È questo il perno intorno a cui ha ruotato la civiltà occidentale degli ultimi due secoli, sviluppandosi come *modus operandi et cogitandi*, misura dell'azione e del pensiero. La tradizione nonviolenta ha evidenziato subito il nesso, non immediatamente percepibile, tra competizione, velocità e violenza, proponendo alternative generative. Esse non sposando la logica dialettica ma il metodo dell'aggiunta, non intendono distruggere quanto gli umani hanno prodotto fino ad ora, ma si muovono verso l'oltrepassamento fecondo, vogliono fendere la realtà presente perché partorisca la novità. Quale novità? Quella di una visione di relazioni, di azione individuale e collettiva radicalmente orientate

129 *Ivi*, p. 105.
130 De Certeau, 2001, p. 284.

alla cooperazione il più orizzontale possibile. E intorno al fuoco sacro dell'intreccio vivo e sempre attivo delle relazioni cooperative non possono che trovarsi il tempo lento che permette al respiro di dispiegarsi, alle persone di riconoscersi, desiderare, sognare, progettare insieme; la ricerca – anch'essa *andante senza fretta* – di quel che più profondamente muove l'anelito umano, il desiderio come categoria generativa chiave, la spinta della crescita, il nostro camminare nell'esistenza; e quindi, quasi portato "naturale" delle prime due e pure ingrediente fondamentale affinché le prime due si dispieghino, la gentilezza come qualità dell'azione, come cromatismo della cura. Come nel caso del tempo, ci appare evidente come anche la profondità, che si nutre di uno sguardo calmo e lungo, di contemplazione, di silenzio, e la gentilezza, che si fonda sulla deposizione delle proprie armature e l'esposizione della propria vulnerabilità, siano percepite come lussi che non ci si può permettere, orpelli che ostacolano il successo. Viverli come valori fondanti un progetto sociale gioioso e foriero di benessere è ancora una lotta, che necessita di una spinta energica, di quel "restare saldamente ancorati alla persuasione" del *satyagraha*. Torna la forza della nonviolenza.

Ma c'è un'altra condizione chiave che gli uomini e le donne della nonviolenza offrono alla nostra riflessione e che rappresenta una linea trasversale a ogni filosofia nonviolenta: il valore della semplicità volontaria, già richiamato nel celebre scritto di R. Gregg, altrettanto presente in quel giovane uomo che sceglie di vivere per due anni nei boschi, Thoreau, nel Gandhi che vive del minimo, tesse da sé la tela, svuota la capanna, nel Capitini che opta per uno stile di vita sobrio ed essenziale per quanto moderno ed entusiasta della tecnica, nel Lanza del Vasto che veste solo di una tunica, nel don Tonino Bello de *La carezza di Dio*[131].

Ciascuno di loro ha incarnato scelte forti, che assomi-

[131] Bello, 1997.

gliano a una "consacrazione" e anche per questo li additiamo come riferimenti illuminanti. D'altro canto sappiamo che un enorme patrimonio millenario di riflessioni e pratiche viene dalle religioni di ogni latitudine, in special modo dalle tradizioni mistiche e monastiche. Nella seconda metà del Novecento poi, grazie alla potente spinta di Illich e Langer e alla maturazione di istanze femministe, ecologiste, animaliste ed emancipatorie a vari livelli, il pensiero della decrescita, della sobrietà felice e degli stili di vita alternativi si sono ritagliati una nicchia di sperimentazione man mano più ampia. In questo flusso che apre il presente a generare il futuro, la tradizione nonviolenta ha offerto un enorme silenzioso contributo, fecondando il cambiamento di mentalità in corso, animando le direzioni del movimento del quale la semplicità rappresenta uno dei cardini.

La bellezza del discorso sulla semplicità è che è semplice anch'esso, e anzi, ci ricorda sapientemente Gregg,

> *ci sono numerose ragioni a favore della semplicità volontaria del vivere, un numero considerevole ma forse non così tante da rendere l'argomento della semplicità complesso. Se ci appare complesso, è solo perché da esse vanno rimosse molte scorie e ciarpame intellettuale per riuscire a vederci chiaro.*[132]

Non occorre filosofeggiare, predicare, allestire vani ginepri di concetti: il pensiero stesso, adombra Gregg, può essere alleggerito dal "ciarpame intellettuale" che ingombra la vita della mente e dello spirito impedendole di andare in profondità, di cogliere con la sufficiente nitidezza l'essenziale. La semplicità, tuttavia, non può accontentarsi di essere un atteggiamento interiore, ha bisogno di concretezza:

> La semplicità volontaria implica sia condizioni interne

[132] Gregg, 2012, p. 21.

che esterne. Significa unicità di propositi, sincerità e onestà interiore, come anche il rifiuto di zavorre esteriori e di tanti possessi irrilevanti allo scopo principale della vita. Ciò significa formare e guidare le nostre energie e i nostri desideri, porre una parziale limitazione in alcune direzioni al fine di assicurare una maggiore abbondanza di vita in altre.[133]

Porre fine al proliferare di oggetti lascia spazio alla costruzione di rapporti di qualità e alle forme di vita che li favoriscono, permette la liberazione di energie impegnate in quella fatica, ormai considerata ovvia, di amministrazione delle cose, dei beni materiali, delle proprietà. Una fatica che estenua le nostre energie migliori, degradandoci ad amministratori dei nostri stessi oggetti, che si tratti dei vestiti dentro un armadio o dei prodotti cosmetici o dell'automobile con le sue (non nostre) infinite esigenze di gestione materiale e burocratica, dalla casa che chiede standard di estetica, pulizie e igiene mai visti prima, alle tecnologie e alla congerie di identità elettroniche. Amministratori di cose, neppure più fruitori dei benefici che potrebbero comportare, da questo caos di attività cui siamo premuti minuto per minuto nella giornata non emerge neppure lontanamente il godimento della vita, il respiro della bellezza del momento, dato che "la tecnica e il denaro ci conferiscono maggiore energia esteriore, ma attingono alla nostra energia interna e la disperdono"[134] rendendo la vita più affollata e affrettata.

Il senso della felicità paradossale è che i lussi, associati di solito a una maggiore comodità della vita – oltre che simboli di status – richiedono oggi una fatica non necessaria, che ci impedisce di godere delle relazioni intangibili:

I generi di possesso più durevoli, più sicuri e più soddisfacenti, esclusi i bisogni materiali per la vita corporale,

[133] *Ivi*, p. 6.
[134] *Ivi*, p. 15.

risiedono non nel controllo fisico e nel potere di esclusione ma nella comprensione intellettuale, emotiva e spirituale e nell'apprezzamento. Questo è specialmente evidente riguardo alla bellezza.[135]

Nella tradizione nonviolenta questo tema è fondativo e si presenta in ognuno dei nomi più volte citati, ma ho voluto riportare le parole di Gregg, non solo perché egli è considerato tra i primi ad aver teorizzato in modo organico la resistenza nonviolenta e offerto a personalità più note, come M. L. King, la migliore formazione nella nonviolenza con *The power of nonviolence*[136], ma perché nascono dal cuore degli Stati Uniti del New Deal, della ripresa economica dopo la Grande Depressione e della loro affermazione a superpotenza mondiale. Non si fanno liquidare pensando alla tradizione "orientale" (sebbene Gregg abbia vissuto con Gandhi) o all'ispirazione cristiana degli europei (da Tolstoj a Capitini a Lanza del Vasto). Gregg scrive dal cuore pulsante del capitalismo, pensando al valore della semplicità come opzione della vita interiore quanto materiale, dell'azione individuale come collettiva, dello stile di vita del cittadino e delle trasformazioni strutturali della società, ben consapevole che siamo divorati da una macchina che con le sue intricatissime diramazioni ha imbrigliato le esistenze, paralizzandole. Ha immaginato il cambiamento di intere collettività attraverso una radicale ristrutturazione del potere detenuto dalle grandi organizzazioni amministrative in direzione di una maggiore decentralizzazione. Ha proposto la semplicità diffusa come costume culturale, fattore chiave di civilizzazione e, così, garanzia di durata (in buona salute, aggiungo) di quella civiltà.

Il punto di vista nonviolento, muovendo dalla radice, trova nelle relazioni lente, profonde, gentili e nella semplicità volontaria i punti della rivoluzione culturale del futu-

[135] *Ivi*, p. 40.
[136] Gregg, 2018.

ro, che è una rivoluzione politica perché può cambiare la grammatica del vivere insieme, da prima del primo giorno, aprendosi alla fioritura dell'umanità.

Approfondimento
La scelta vegetariana di Aldo Capitini

Aldo, come molti persuasi e persuase della nonviolenza, opta per non cibarsi delle carni di altri animali. Egli compie la scelta vegetariana durante la lotta antifascista, quando, davanti alla ferocia delle squadracce e il dilagare di un diffuso costume violento, sceglie dimostrativamente di non voler essere responsabile neppure della morte di un animale. Attraverso questo comportamento, reso pubblico (per esempio alla Normale di Pisa) e oggetto di discussione con colleghi e studenti, egli lanciava un messaggio di critica alla violenza fascista. Il movente antifascista si univa in lui da sempre a una grande sensibilità di ispirazione francescana, che poi si afferma definitivamente con il riconoscimento del valore intrinseco della vita di tutti gli esseri viventi. Essi, animali, vegetali, microbi diventano compagni cooperanti alla stessa stregua di ogni altro soggetto nella compresenza. Anche attraverso questa opzione di vita, la realtà si fende e comincia a modificarsi strutturalmente. Nulla impedisce, avverte Capitini, che, in uno scenario futuro gli animali, finalmente sciolti dall'oppressione umana, dalla schiavitù (oggi industrializzata) dell'allevamento, dalla paura costante del superpredatore, liberino potenzialità evolutive inedite sul piano dell'intelligenza e dell'affettività, che finora non si sono espresse anche a causa nostra. E diventino compagni di viaggio nella compresenza in modi oggi impensabili. Su questa persuasione fonda la Società Vegetariana Italiana, tuttora esistente.

L'apertura nonviolenta incontra anche le piante, gli esseri microscopici, finanche le cose e tutte le forme di presenza le sente cooperanti, attive nella compresenza e vi si relaziona con rispetto e affetto.

Una visione potentissima ed elevatissima questa di Capitini, che oggi trova adesioni sempre più massicce tra le nuove generazioni insieme alla consapevolezza marcata dell'emergenza ambientale e della necessità di scelte personali che contrastino il feroce sfruttamento della biosfera.

Da A. Capitini, *Elementi di un'esperienza religiosa*, pp. 63-66.

L'ispirazione della nonviolenza è l'amore religioso, ed esso non può arrestarsi all'umanità. Vi sono le cose, vi sono altri organismi e la nostra vita si svolge in mezzo a questa realtà. L'anima religiosa che è infinitamente aperta, sente la sua essenziale celebrazione attraverso l'umanità e l'attivo scambio con essa nei singoli umani, che danno a noi e da noi ricevono incessantemente. [...]
Ma c'è come una prima e più elementare forma di amore religioso, ed è quello che muove verso le cose, che tutte sono sorelle a me come individuo limitato, naturale. La nonviolenza verso le cose sta nel metterle su questo piano, nel non mostrare burbanza in mezzo ad esse, nel considerarle anzitutto come contenuto di amore religioso al di sopra di ogni utilità, proprio come presenza del nostro intimo ad esse, e poi come nostre collaboratrici nel bene. Noi le adoperiamo: senza di loro che faremmo? Ma adoperare una cosa per

il male è la forma più elementare di violenza che facciamo alla cosa, è un arbitrio nel servirsi di essa, un'offesa, è non portarla al grado di universalità. Perché si fa violenza al tempo quando lo si usa male, si fa violenza alla luce quando ci debba servire per facilitare una cattiva azione. E così l'acqua, così i prodotti della terra. Grande insegnamento ci danno le cose, perché sentiamo proprio con loro che la nonviolenza deve essere tutta in noi, intima. Gli uomini ci possono impedire la violenza, le cose si lasciano offendere dalla nostra volontà, e questo ci deve indurre di più al pensiero della responsabilità che abbiamo. La nonviolenza non consiste nel lasciarle intatte: per una pietra stare incastrata in un monte o in un monumento non ci pare che segni una diminuzione; per l'acqua stare nel fiume o nel nostro corpo ci pare lo stesso. È violenza lo sciuparle, il mutarle di luogo senza ragione, la mancanza di cura e di intelligenza nel lavorarle, il non pensare a che cosa facciamo dinnanzi ad esse, lo studiarle malamente o soltanto per l'utile, senza sentire che si studiano anche per amore, come è la vera scienza.

Dal mondo delle cose ci appaiono distinti gli organismi, gli esseri viventi. Se oggi non ci sembra possibile rispettare su tutta la linea la loro vita, questa deve essere la direzione della nonviolenza, raccogliendo molti sforzi. La scienza ci viene fornendo materiali che permetteranno sempre meglio di risparmiare la distruzione delle piante; nella stessa medicina non è escluso che si troveranno processi tali da volgere beneficamente la vita dei micro-

bi. Se non si può far tutto, molto si può certamente fare, e si deve: siamo anzi in ritardo. Chi vuol far tutto, altrimenti non intende mettersi all'opera, non fa nulla e probabilmente non è innamorato della cosa, perché l'amore è attivo.
Col vegetarianesimo (cioè non nutrendosi della carne di animali macellati, ma di prodotti della terra, e di derivati dagli animali ma senza ucciderli) si realizza principalmente il riconoscimento del valore dell'esistenza di quegli esseri animali contro i quali si decide di non usare l'uccisione e, di riflesso, si realizza una maggior persuasione che non si debba usare violenza verso gli esseri umani. Dopo la decisione vegetariana noi guardiamo subito con nuovi occhi gli animali; non ne esageriamo il valore, ma sentiamo in noi qualche cosa di franco, di calmo, di affettuoso fino all'intimo. Se è vero che noi abbiamo una maggiore vita spirituale, dobbiamo compensar ciò con maggiore affetto intorno a noi e con una più precisa coscienza dei doveri di ampliamento della vita spirituale nell'universo. [...]
Con questo amore religioso poniamo intorno i termini per una collaborazione: le cose, gli animali, portano la loro opera, il loro accento nella vita comune.

Parte seconda
L'educazione come abbraccio festivo

Conoscere è cantare la gratitudine, la presenza
di una realtà positiva infinitamente al posto del nulla;
è rispondere con letizia alla scelta che fa la realtà
di essere piuttosto che non essere.

Aldo Capitini

Capitini si colloca a pieno titolo all'interno del cambio paradigmatico in educazione – tuttora in corso – che viene denominato "rivoluzione puerocentrica" e che comporta, nell'arco di tempo che si fa abitualmente cominciare con Rousseau, quella che Maria Montessori chiama la scoperta del bambino.

Rousseau aveva rappresentato, per quanto non *ex abrupto* (lo precede, tra i più noti, Comenius), una cesura con millenni di storia occidentale nella quale il bambino era considerato poco più di un animaletto e, dopo la prima fase della vita, un adulto in miniatura, da inserire velocemente nella società, con le sue asprezze, le sue regole, i suoi codici, che ben poco lasciavano all'iniziativa individuale e alla creatività.

Rousseau, diventando, come ricorda F. Cambi[1], uno spartiacque con cui, concordando o polemizzando, tutto il pensiero occidentale deve cimentarsi, mostra un'infanzia nuova. Rompe la bolla opaca che ingabbiava i piccoli negli schemi adulti e questi ignoti trascurati e svalorizzati compaiono per la prima volta con i loro bisogni di crescita, le loro spinte esplorative, il movimento verso il mondo, l'assonanza con la natura, mostrandosi come esseri curiosi di scoprire e di interagire.

Al di là delle sue contraddizioni di vita e di pensiero (ma non è per quelle che è passato alla storia), Rousseau avvia un moto culturale di ripensamento profondo dell'azione educativa, del posto di chi accompagna nella crescita, del

[1] Cambi, 2003.

ruolo dei saperi, dei luoghi e delle modalità, del fine stesso dell'educazione. L'Ottocento è costellato di iniziative, riflessioni, esperienze e sperimentazioni significative di un passaggio d'epoca che si esprimerà tra Ottocento e Novecento attraverso tre monumenti: John Dewey, Maria Montessori, Jean Piaget.

Tutto questo secolo e mezzo è percorso da un fremito di novità che vede nascere la letteratura e l'editoria per l'infanzia: si pensi al celebre *Giornale dei bambini*, edito dal 1881 al 1886, sul quale venne pubblicata a puntate la *Storia di un burattino* e poi al *Corriere dei Piccoli*, nato nel 1908. La riflessione su come allevare i bambini nel mondo rivoluzionato dai "tempi moderni", dall'industria e dai cambiamenti economici e sociali, talora turbolenti, che investono la società, travalica il confine consueto della riflessione filosofica e religiosa e approda eccentricamente là dove non ci si aspetterebbe. Due esempi provenienti da contesti lontanissimi possono essere considerati rappresentativi della pervasività del discorso educativo, tanto quanto della presenza di una costante riflessione pedagogica nella tradizione nonviolenta. Il primo è il grande Lev N. Tolstoj, poco noto per la sua opera educativa e per la radicalità della sua pedagogia libertaria e anarchica, monumento della tradizione nonviolenta e riferimento in quella che poi verrà chiamata "educazione popolare", censurato e trascurato per molto tempo (e tuttora noto a pochi), apprezzato poi dagli attivisti e dai descolarizzatori per la carica critica radicale verso tutti i sistemi oppressivi. Tolstoj è un aristocratico dalla cultura titanica, un romanziere celebrato di eccelsa finezza, è un uomo di studio che compie una scelta di rottura e cambia vita, sperimenta la scuola per i poveri e gli esclusi della violentissima società russa, elabora idee, ci consegna l'ideale di una istruzione emancipatoria fondata sulla pratica della libertà.

Dall'altro lato del mondo, negli Stati Uniti, un altro "gigante", Henry David Thoreau, sperimentava la vita nei boschi e regalava con *Walden*[2] e, per certi versi ancor più con *Walking*[3], un'altra rivoluzionaria idea di (auto)educazione attraverso il contatto con la natura e una critica radicale alla società e ai suoi abominevoli legacci.

Ecco, Capitini si inserisce in questo movimento ampio e variegato che ripensa e sperimenta l'educazione alla luce di una consapevolezza che accomuna molte voci: la società e le sue costruzioni sono limitate, l'educazione è un potente mezzo di trasformazione, l'attenzione all'infanzia e ai suoi bisogni e quindi la qualità della relazione educativa ne sono le premesse ineludibili. Se questa è la base comune a moltissime pedagogie, tuttavia, Capitini si collocherà senza dubbio su una posizione radicale, imparentata con le due cui si è accennato (oltre che con Gandhi, Dolci e molti altri), formulata in modo originale, che – come in politica – non vuole limitarsi a cambiamenti di superficie, ma guarda a una rivoluzione profonda e strutturale, alla *tramutazione* della realtà attraverso l'educazione. Per questo lo vedremo in dialogo con i tre giganti del puerocentrismo, in "una tensione a inglobare in modo critico e a proporre un'aggiunta"[4], mettendo "a frutto in modo esemplare la sua tendenza all'analisi umile e paziente, ma anche la sua tensione migliorativa, capace di trasportare un'eredità culturale in una dimensione più avanzata di teoria e di prassi educativa"[5].

L'educazione è tema strutturale della nonviolenza e Capitini lo radica nel cuore della relazione col tu. Quell'aprirsi di cui abbiamo già parlato è il partorire amorevole dell'altro dalla mia anima, dalla mia mente. Non è soltanto un'apertura che accoglie, ma anche lo spalancarsi di me per dare vita all'altro, per farlo uscire da me (ché non è cosa mia, non coincide con me, non posso tenermelo dentro) per la

[2] Thoreau, 2005.
[3] Thoreau, 2009a.
[4] Secci, 2014, p. 98.
[5] *Ivi*, pp. 100-101.

gioia che esso esista e si dispieghi nel mondo. Il sentimento alla base di questo dare la nascita è quello materno, esteso ai Tutti fino a diventare genitura universale. Si tratta di un sentimento che riscrive la fraternità universale affiancandole il proposito costante della cura affinché l'altro fiorisca, ogni altro, anche il più lontano, anche l'avversario:

> *Riguardo ad esseri umani la nonviolenza è l'appello continuo e intenso alla comprensione, alla spontaneità, alla capacità che ha l'altro essere umano di giungere ad una decisione razionale. Nel campo dell'umano la dedizione a questo appello ha un fondamento più saldo che per ogni altro essere: basta che io pensi che colui che incontro potrebbe essere mio figlio: nulla di eccezionale in questo sentimento di genitura, per la somiglianza umana che c'è tra noi. Del resto, io penso che sempre nei riguardi di un essere umano debbo richiamarmi a un punto interno in cui io mi senta madre di lui; che debbo abituarmi a costituire costantemente questo atteggiamento nel mio intimo; che, insomma, almeno per una volta, esaurite e sfogate se si vuole, tutte le altre possibilità, io debbo domandarmi: "ma mi sono considerato pur per un istante madre di costui? Come agirei se fossi sua madre, certo una madre non stolta, ma pronta a vedere che cosa c'è a favore di lui, a sperare per lui?".*[6]

In questa cornice, in cui il paradigma della cura[7] viene in primo piano, il lessico del *maternage* mostra l'intrinseca appartenenza del discorso pedagogico-educativo a tutto il pensiero nonviolento.

[6] Capitini, 1948, pp. 66-67.
[7] Mortari, 2006; 2015; 2021.

I molteplici interventi di Capitini sull'educazione trovano il loro centro nella relazione specialissima che è la relazione educativa. Essa unisce, nel lessico capitiniano, il maestro con il fanciullo. Maestro è parola che si riferisce alla capacità dell'educatore di essere più che un trasmettitore di conoscenze e tecniche, più che un "professionista", ambendo ad essere soggetto coinvolto con tutte le dimensioni del suo essere nelle dinamiche del mondo e nel rapporto con bambini e ragazzi.

L'educazione prima di ogni altra cosa è incontro tra due mondi fatti di sostanze diverse: il maestro è la migliore espressione della realtà limitata, il fanciullo appartiene per costituzione alla *realtà liberata*. Essi si incontrano nel fluire della storia e, grazie alla loro differenza, possono dinamicamente introdurre una cesura con la storia stessa per riscriverla. Nel loro incontro si pone la domanda per eccellenza dell'educazione:

> *dobbiamo aiutarlo [il fanciullo] a svilupparsi per far parte di questa umanità-società-realtà, pur nella nostra convinzione che questa umanità-società-realtà non sia accettabile?*[8]

La realtà è accettabile? C'è da accettarla? Che tipo di educazione deriverà dalla accettazione/non-accettazione di questa realtà? Capitini pone in tutte le sue opere la stessa domanda e ci mette davanti allo stridere di passato/presente e futuro. L'educazione è uno dei motori di que-

[8] Capitini, 1953, p. 9.

sto andare, il più importante:

> *il concetto di educazione è ravvivato, invece, e sottratto ad un pericolo conservatore, proprio introducendovi una viva dualità, inserendo cioè in esso un elemento di tensione che discrimina il passato e chiede un futuro; e poggia quindi maggiormente su ciò che è liberante, trasformante, creativo [...] Mi pare, cioè, che l'educazione debba dare il senso di una tensione, di una insoddisfazione per ciò che è.*[9]

Colui e colei che educano sono soggetti drammatici, perché posseggono la piena coscienza di appartenere alla realtà limitata e non possono evitare di patirne le ferite. Ma allo stesso tempo rappresentano la sua espressione più alta, perché vivono questa appartenenza non rassegnati, ma ribelli. Il limite invalicabile dell'adulto chiama al dovere di mettersi in tensione, per cercare il varco, la fenditura. E in quel punto incontrare la novità assoluta incarnata dal bambino, nelle cui mani l'educatore sa vedere proprio la liberazione che non potrà vivere di persona.

Chi educa in questo modo diviene "profeta di qualcosa che verrà"[10]. Profeta è la persona inquieta che non riesce ad accettare il presente e ad accontentarsene; si ribella e comunica la sua critica con la forza di una parola intrisa di pathos. Vive la persuasione e attraversa la dualità, operando un taglio col passato-presente e questa ferita lo abita profondamente, senza speranza di sollievo. Può soltanto lasciarla aperta, anzi farne un varco da attraversare.

La parola "profeta" non ha nel suo nucleo l'elemento del vedere oltre, che ne è l'implicito portato, ma quello del parlare, atto di congiunzione tra il passato e il futuro, veicolo di apertura tra il sé e il mondo. Nella preposizione "pro" c'è il movimento in avanti del dire profetico, quella che Capitini chiama tensione, c'è lo spingersi su di un territorio di cui

[9] Capitini, 1951b, pp. 4-5.
[10] Capitini, 1967a, p. 103.

non si conosceranno mai i confini, ma che può farsi più vicino. In quel "pro" c'è anche il parlare a favore, per il bene di, un dire dunque che, anche quando si fa urlo, esprime tutta la positività dell'apertura fiduciosa al domani.

Chi svela i limiti del mondo genera scontentezza, perché rende palpabile la scissione drammatica della realtà, mostra l'impossibilità dell'appagamento ingenuo, indica quanto è retorica l'idea di un'armonia facile. La ferita non è quindi solo del profeta, ma è dentro le cose: mostrarla agli altri scatena il turbamento, getta nell'incertezza chi vorrebbe restare in una pacifica tranquillità. Il profeta vive a tinte forti.

Grazie a questi tratti appassionati il profeta può candidarsi a educare. Tra tutti i soggetti ai quali il profeta può parlare, ai fanciulli, i *figli della festa*, la ferita di una realtà spaccata e sanguinante non farà male. Essi non troveranno scontentezza e disturbo nella voce potente del profeta, ma il soffio di autenticità che li radicherà là dove sono già nati, nella *realtà liberata*. Essi infatti nascono in un momento "altro", radicalmente altro. Sono "davanti, non dietro di noi"[11] e il compito di chi se ne prende cura non è né di demiurgo che forgia – come nell'educazione tradizionale autoritaria – né solo di sapiente "amministratore del ripetere semplicemente la vita"[12] disponibile ad accogliere libere iniziative – come nell'educazione attiva: il profeta è in grado di intravedere nel bambino, nonostante i limiti della propria vista, quel futuro che il fanciullo, in modalità ancora sconosciute e non prevedibili, realizzerà.

La distanza tra maestro e fanciullo è lo spazio di costruzione di una relazione dall'intensità altissima, luogo di intersezione delle due sostanze, grazie alla quale soltanto si dà la speranza della *tramutazione*. Non sono quindi i singoli a poter liberarsi e liberare, non il profeta, per quanto viva drammaticamente il limite, non il fanciullo, per quanto già

[11] Capitini, 1967a, p. 114.
[12] *Ivi*, p. 122.

nato nella liberazione, ma i due soggetti insieme:

> *S'intenda bene che non è il fanciullo per sé che è liberante, ma entro l'atto di sintesi di noi e di lui, di noi che portiamo il meglio del passato (i valori) e l'apertura, e di lui che porta un grado ulteriore.*[13]

C'è dunque una condizione perché la promessa di cui è portatore il bambino si avveri ed è la fecondità di una relazione, nella quale ciascuno dei due soggetti è insostituibile. Essa viene disegnata da Capitini come radicalmente aperta e orizzontale, nella quale cioè l'alterità necessaria alla dinamica educativa, non si traduce in disparità, in un rapporto tra un maggiore-migliore e un minore-peggiore, tra un più e un meno, tra un "più in alto" e un "più in basso", tra un grande e un piccolo.

L'educatore possiede un tratto qualificante, che sta all'apice del suo essere e lo identifica: vive la persuasione, vive il valore. Da profeta lo vive drammaticamente, ma si apre anche e questo suo vivere intenso, nel dolore e nella fiducia, coincide con la pratica educativa dell'*offerta del tu* all'educando. Il fanciullo è il primo tu del maestro e quella che si avvia tra loro è una dinamica di reciprocità in cui sono pienamente coinvolte le loro umanità. In un rapporto il cui tratto principe sarà la gioia, configurato come un andare insieme esistenziale, la reciprocità appare necessaria e vitale alla riuscita della relazione anche educativa. Quando avviene il miracolo di una vicinanza che oltrepassa i confini esigui e costrittivi dell'istituzione, che valica i ruoli e si apre a un vissuto condiviso della vita, nel rispetto delle tappe di crescita, allora viene concordemente riconosciuto il valore educativo della relazione, che è incontro nella nudità di essere umani, insieme, capaci di stare qui e adesso e di muoversi in avanti per, dice Danilo Dolci, *inventare il futuro.*

L'incontro tra educatore ed educando significa dunque

[13] *Ivi*, p. 344.

che l'educatore apre se stesso al fanciullo, confessando la propria umanità limitata. Se il maestro ha da donare di sé il dolore per il limite, questo donarsi addolorato non può essere semplice metafora, ma è la sostanza dell'atto educativo. Quel dolore, del resto, ovvero la passione per la liberazione vissuta in profondità e trasfigurata nella concreta apertura ai fanciulli, è il meglio della realtà limitata, è il suo distillato, è quanto di più prezioso l'adulto ha da offrire a chi nasce. Deve consegnarlo come il testimone più prezioso nella staffetta tra le generazioni.

Nella pratica, emerge la necessità di disvelarsi, di lasciare che la ferita aperta che gli brucia dentro si veda, venga esposta, fiduciosamente. Di deporre la maschera del ruolo, di liberarsi della corazza delle sue difese, dell'impalcatura artificiosa che nasconde la verità del suo essere. La sua persuasione, l'intima convinzione che la ferita sia il passaggio obbligato verso la *tramutazione*, il sorriso che accompagna l'aprirsi all'educando, sono gli atti educativi per eccellenza, poi traducibili in mille "modi". Ed è da questi atti che viene generato nei fanciulli il riconoscimento del valore educativo della presenza del maestro, con questi atti si costruisce il legame – forse il più saldo di tutti – tra esseri umani che si accompagnano l'un l'altro verso il futuro.

In questo educarsi insieme, l'educatore impara dall'educando fuor da ogni retorica, anche quando la relazione assume modalità conflittuali. Nel vocabolario diffuso del conflitto, si tratta di *gestire* il rapporto educativo, parola mutuata dalle scienze manageriali-gestionali-ingegneristiche. Parola intrinsecamente violenta, che evoca un regista, un capocantiere, un forgiatore. Per Aldo invece, si tratta di aprirsi, deporre le armi e vivere, parafrasando Raimon Panikkar, il disarmo relazionale. Aprirsi ha poco a che fare anche con la fedeltà ai ruoli, a un professionismo che si staglia in primo piano rispetto all'umanità dell'educatore mettendogli addosso un'armatura.

Aprirsi significa innanzitutto guardare negli occhi la

propria paura. Quel che è aperto, appare più debole e più fragile, perché si può colpire, si può ferire, si può distruggere. Spesso è l'educatore che chiede all'educando di aprirsi, di raccontarsi, di "confessarsi", sancendo ulteriormente l'asimmetria dettata dai ruoli nell'istituzione e nella società, ma non fa lo stesso e spesso teorizza la giustezza del suo rimanere chiuso, ben nascosto al rischio di essere intaccato dal movimento di "approssimazione"[14], per paura di sdrucciolare giù dalla sua posizione di potere.

Ma se l'educatore non si apre e non si dà completamente, come essere umano che ha una storia da raccontare e una sensibilità, se l'educatore non mette a nudo le tonalità del suo essere nel mondo, non offre al fanciullo la possibilità di essere davvero il figlio della festa. Nell'ambito di una relazione calda e accogliente, cade l'idea di autorità del maestro, perché cade il più deleterio dei fondamenti (pseudo) educativi: l'obbedienza ai ruoli. Si fa spazio invece il valore della presenza, che connota in senso religioso tutto l'operare educativo. Come il fanciullo viene riconosciuto dal maestro presenza feconda, la più feconda per la vicinanza alla liberazione, così il maestro si fa presenza al fanciullo, gli si dà nell'interezza del suo essere. Insieme essi possono vivere la compresenza oggi, sperimentare la *realtà di tutti.* Il maestro diventa così *fratello maggiore* e la sua responsabilità più grande è non offendere la qualità sostanziale del fanciullo, non spegnere la sua fiamma costitutiva, non affondare il suo slancio verso l'orizzonte e non avvilire le sue esigenze d'amore.

C'è una grande area dell'educativo che corrisponde più a un "non fare", che a un "fare"; più a un astenersi dall'agire mantenendosi rispettosamente sulla soglia[15] che a un intervenire. Questa capacità di restare fermi, in ascolto, a ricevere in pacata attesa è molto simile alla cura contadina,

[14] Cassano, 1989.
[15] Falcicchio, 2018b.

che paziente aspetta che la pianta cresca secondo i suoi ritmi di sviluppo e accoglie il frutto con stupore e meraviglia. Questa cura è nascosta nell'etimo della parola "educazione", ma in una civiltà capitalistica e industrializzata, che ha portato al parossismo l'intervento umano sulla natura e sulle società con prometeico ingegnerismo e sta spingendo al disastro ambientale l'intero pianeta, pensare alla metafora agricola è deformante, dato che le sapienze contadine sono state sopraffatte dalle logiche industriali. Bisogna recuperare l'autenticità di quei saperi, le culture della terra più rispettose e pazienti[16] per riconoscere il loro profondo riguardo verso le leggi del vivente e ricostruire la metafora educativa che da millenni intesse un legame tra accompagnamento nella crescita dei cuccioli umani e coltivazione dei principali costituenti della sopravvivenza della specie, i vegetali[17].

[16] Falcicchio, 2015.
[17] Berry, 2015.

APPROFONDIMENTO
IL FALSO PROBLEMA DELLE REGOLE

L'apertura capitiniana alla sostanza liberata del fanciullo cambia in modo radicale anche la prospettiva sull'indisciplina, tema costante e mai superato dal mondo adulto. Mentre con una certa lentezza si afferma una cultura antipunitiva, infatti, il problema (che problema non è) di "dare limiti", "dare regole", "imporre paletti" continua a dare il tormento ai bambini senza che si affrontino i nodi cruciali del discorso.

Un aspetto su cui riflettere è dato dall'eredità educativa ricevuta dagli adulti e incisa nelle loro memorie corporee. La lezione di Alice Miller[18] su questo non è mai stata studiata e metabolizzata a sufficienza: è necessario, è urgente conoscere i processi devastanti che portano i bambini ad assimilare la logica educativa violenta, che viene letteralmente incorporata e integrata in sé a costi psichici (e fisici) elevatissimi, pur di "salvare" il genitore e continuare a pensarlo degno di fiducia e affetto. Il bambino impara presto a ingurgitare la rabbia, la collera, il dolore verso il genitore ricattante, minaccioso, colpevolizzante (non è necessario tirare in ballo la violenza fisica o altre forme estreme, come le percosse o l'abuso, è sufficiente la "normalità" della violenza spicciola), a tener riposte le emozioni perturbanti in un cassetto di autodistruzione (e/o di distruzione di altri) per non distruggere nella sua mente l'adulto a cui è legato da una dipendenza senza scampo, dovuta alla strutturale debolezza del piccolo e all'impossibilità di sopravvivere senza cure.

[18] Miller, 1987; 1989; 1991.

Questo processo di base, molto più complesso di quanto poche righe possano rendere, costituisce il fondamento della nevrosi generalizzata in una società edificata interamente sul mancato rispetto dell'infanzia e apre la strada alla malattia, fisica e psichica (che sappiamo essere legate), individuale e collettiva. Nel giro di pochi anni, infatti, i bambini diventano adulti a loro volta e tendono a riprodurre le stesse logiche, a meno che non compiano un percorso di destrutturazione del proprio vissuto biografico infantile e di elaborazione del dolore depositato negli angoli bui della propria psiche.

Questo impegno decostruttivo dovrebbe essere sentito come essenziale nella formazione di chi educa, a qualunque titolo, perché in esso risiede la possibilità di sganciarsi dal potente legame col proprio vissuto distruttivo e di non ripeterlo con le nuove generazioni, che si tratti dei propri figli o di alunni, studenti, qualsivoglia bambino o adolescente nelle nostre mani.

In una società, tuttavia, che ignora sistematicamente l'esigenza di un lavoro del genere nella costruzione delle professionalità educative (basti pensare ai piani di studio universitari per insegnanti ed educatori), è ovvio che non si riesca a trovare risposte adeguate ai quotidiani problemi di relazione educativa, per quanti corsi di formazione possano essere proposti. Il nucleo del problema infatti non è in saperi ancora una volta gestionali (così tanto rassicuranti!), in tecniche da assimilare, in "competenze" professionali da acquisire, ma in consapevolezze profonde che si dispiegano attraverso lo sguardo – anche questo amorevole – sul proprio vissuto, sul bambino o bambina che siamo stati e sul suo dolore sedimentato, sulla rabbia zittita, sulla paura del piccolo di perdere l'amore del genitore esprimendo le emozioni censurate, sui "cattivi" sentimenti proibiti dalle ingiunzioni moralistiche stipati nei cantucci oscuri. E condividendo, magari in gruppi ben accompagnati, le proprie scoperte e il proprio percorso di riconciliazione col passato.

Senza questo passaggio, non c'è formazione per educatori e insegnanti che possa modificare routine educative che permangono violente, anche ora che la violenza fisica è considerata dai più sbagliata ed emerge altra violenza in forme impersonali e subdole. Una tra tutte, in ambito istituzionale, l'obbedienza alla catena di montaggio di programmi, verifiche, valutazioni che ammorba la scuola di inizio millennio, sempre meno attenta alle singolarità, alle esigenze individuali, ai tempi di crescita, alla pluralità delle intelligenze e sempre più spinta verso la performance in quanto tale. C'è da chiedersi come mai la nutrita letteratura scientifica di alto profilo prodotta in tutto il Novecento in campo psicopedagogico non trovi che labili riscontri nella quotidianità. Un'ipotesi potrebbe addebitare il lento cambiamento ai tempi lunghi della trasformazione culturale, ma sono convinta che non sia questo il nucleo del discorso: penso invece, anche meditando sulle illuminanti scoperte dell'epigenetica[19], che la stratificazione nelle generazioni di modus educativi violenti dipenda proprio da quel processo chiamato *embodiment*, l'incorporazione degli apprendimenti ricevuti e, nel caso della violenza educativa, della mancata decostruzione autobiografica degli stessi. Que-

[19] Bottaccioli, 2014.

sto è a mio avviso l'ostacolo principale all'evoluzione delle pratiche educative e inevitabilmente si riflette nel sopravvivere di teorie antiquate e dannose, come quelle legate all'indisciplina, alle punizioni e all'atteggiamento sanzionatorio e sacrificale.

Quale contributo può darci la nonviolenza al riguardo, tenendo conto che la grande area dei conflitti è proprio uno dei campi classici della riflessione nonviolenta?

Per Capitini, nella compresenza intimamente vissuta tra i due soggetti educativi, viene a cadere la distinzione tra disciplina e indisciplina, perché, una volta che il maestro elimini le cause di un'indisciplina legittima, in gran parte dovuta all'impossibilità del movimento, "l'indisciplina si manifesta ancor meno, o se c'è, non è più tale, perché è iniziativa non conformistica e liberatrice"[20]. Quel che cambia è il punto di vista dell'educatore, per il quale "le energie che il fanciullo si trova ad avere e che è portato ad impiegare, non stanno lì come fatto vitale o simili, ma sorgono dal suo essere di sostanza liberata, che si costituisce energie per concretarsi e costituirsi in nuovo senso"[21]. Non si tratterà più di controllarle dunque, o peggio di reprimerle, in nome di un'autorità che si impone dall'esterno o di un'autorevolezza che si affaccia con meno violenza ma con lo stesso fine di imbrigliare, ma di saper cogliere il passaggio dall'atto che rompe uno schema rigido di comportamenti e appare indisciplinato all'*iniziativa liberatrice*. Che locuzione potente!

[20] Capitini, 1953, p. 257.
[21] *Ibidem*.

È così che si prende coscienza che vivere religiosamente ed educare religiosamente porterà più spesso alla disobbedienza, anzi, precisa Capitini con la solita finezza lessicale, a *iniziative di disobbedienza*, cioè proprio a un atto consapevole e critico di indisciplina verso la *realtà com'è*, il frutto più alto dell'educazione, quel che più è da attendersi dal fanciullo. Per riuscire a cogliere il positivo della disobbedienza, bisogna rendersi conto che in un contesto autenticamente aperto all'apporto di tutti, i conflitti aumentano, non diminuiscono. Rappresentano la fisiologica effervescenza della democrazia. Solo nelle dittature viene auspicata la concordia e la pace sociale; la storia mostra che l'apparente armonia è solo una patina che prima o poi sfocia in rivolta violenta. Questo genere di tranquillità non è orizzonte desiderabile né sul piano sociale, né tanto meno sul piano educativo, dove invece sarebbe da incentivare – con il neppure più lodato senso critico – la pratica costante del porre quesiti e problemi da parte di bambini e ragazzi. L'incrinatura dell'ordine, la violazione delle regole, quella che troppo spesso viene bollata come maleducazione sono sempre occasioni per ripensare l'insieme delle strutturazioni, per aprire alla partecipazione realmente democratica di tutti, bambini e ragazzi compresi, la definizione delle regole comuni, per interrogarsi su come rendere più aperte e accoglienti le realtà educative. Questo tipo di lavoro collettivo, unito al lavoro individuale su di sé di cui si è detto sopra, sono i pilastri per trasformare i contesti da gabbie, in cui molto spesso bambini e ragazzi patiscono lo svilimento delle loro personalità invece che la tanto declamata valorizzazione, in *agorai*, luoghi aperti di incontro creativo.

Questo non toglie che, tolti i comportamenti trasfigurabili in iniziative di disobbedienza creativa, possa accadere l'errore (e aggiungo: da parte di ciascuno dei due!): allora, suggerisce Capitini, il dialogo tra educatore ed educando ha da farsi più intimo, un dialogo sussurrato, nel quale l'educatore possa esprimere il suo sincero (sincero, non fasullo e opportunistico) dolore, in un colloquio a tu per tu che abbia come esito una più forte collaborazione tra i due per il superamento della momentanea difficoltà. I due soggetti rimangono uniti per tutto il processo e questa unità umana permette al fanciullo di alleggerirsi e tornare a fiorire, "piuttosto che di essere lì inchiodato alle percosse, ad una condanna che non si sa quanto si ripercuoterà, e che è stimolo alla vendetta, alla difesa per liberarsi, al risentimento"[22]. Dal versante dell'errore di chi educa, sempre possibile, il dialogo intimo consente la compassione per la propria imperfezione, esercita nella lodevole capacità di chiedere scusa a chi è più debole e permette la scoperta dolcissima dell'enorme generosità dei bambini.

In questa visione, l'educatore viene spogliato, anzi liberato di ogni carattere di minaccia e di superiorità, anche funzionale, anche temporanea. Può permettersi di essere imperfetto a patto di non interrompere il proprio movimento incessante verso la *realtà liberata*.

Imporre o dare le regole cessa di essere un problema, perché cambiano le strutture portanti della relazione, che si sposta verso una maggiore parificazione e può finalmente aprirsi a pratiche

[22] *Ibidem*.

democratiche. Come si vedrà, Capitini concepisce i contesti educativi come radicalmente aperti al contributo di tutti. Una delle indicazioni specifiche che offre è quello di inserire i fanciulli, il prima possibile, in gruppi deliberanti. La nostra abituale educazione impedisce del tutto la partecipazione di bambini e ragazzi ai processi decisionali. Essi subiscono per più di due decenni (bisogna considerare ormai anche l'università alla stregua della scuola) norme alla cui esistenza non hanno dato alcun contributo. I regolamenti scolastici (come i patti di corresponsabilità) non sono co-costruiti e spesso contengono solo regole e sanzioni previste per gli alunni. Dall'orario di entrata a scuola alla possibilità di gestire in autonomia i propri bisogni fisiologici, bambini e ragazzi vengono puntigliosamente addestrati a subire passivamente regole proposte come impersonali, ricevendo così una (de)formazione del tutto antidemocratica. Esclusi, senza voce in capitolo, senza il potere di incidere sulla propria quotidianità per più di 20 anni, ovvero nei decenni in cui maggiori e più creative sarebbero le energie se non venissero fiaccate dall'immobilità e dall'industrializzazione dei saperi, i giovani ignorano cosa sia prendere una decisione e farlo dentro una comunità, perché banalmente non lo hanno mai vissuto. Come si può avere ancora la temerarietà di "dare le regole", se il punto è che noi adulti non impariamo ancora a costruirle insieme a loro? Solo avendo una voce e vivendo concretamente, da protagonisti, la costruzione di un lessico comune, bambini e ragazzi conserveranno il senso delle regole, che è semplice: vivere meglio insieme. Le rispetteranno perché le hanno volute e comprenderanno anche (quanto è scomodo per gli adulti che lo comprendano?) che tante, troppe regole – esplicite e nascoste – della nostra società sono del tutto inutili a una buona vita, anzi spesso sono dannose, impediscono di vivere.

Un'educazione del genere non può che essere destabilizzante per qualunque potere, che sia informale e si dispieghi nelle interazioni vis-à-vis, o che sia istituzionale, perché restituisce potere a chi si trova in una condizione di subalternità e invisibilità e, emancipandosi, finisce col sottrarne chi se n'è appropriato. In tutti i nostri contesti, la malattia più grave dell'educazione continua ad essere un violento adultocentrismo incapace di mettersi a un canto e fare spazio.

Con la concezione pedagogica che vede nell'educatore-profeta l'apertura al di più rappresentato dal bambino e nel fanciullo l'aggiunta liberatrice di chi già si trova nella *realtà di tutti*, si delinea una *pedagogia delle conferme*. Essa è l'antitesi della più diffusa *pedagogia delle correzioni*, che vuole il piccolo "non ancora" sviluppato, maturo, razionale rispetto all'adulto:

> *possiamo articolare una "teoria delle conferme" da dare all'educando. Il fanciullo ha un'esigenza di assoluto, di amore verso tutti, di apertura, di gioia, di novità. Imporre a lui il nostro credo di nozioni è troppo e male, lasciare a lui un'infinita e indecisa libertà è troppo poco: sono errati il dogmatismo e il naturalismo. Noi possiamo fare di meglio e di più: dare conferme alle sue profonde esigenze. [...] perciò una delle direttive fondamentali è di stabilire "armonie" con l'esigenza di amore, di aiutare a concretarlo.*[23]

Assumere la visione capitiniana per cui il fanciullo è annuncio di una liberazione che l'adulto non ha realizzato e non ha i mezzi per realizzare comporta rivedere le categorie interpretative della realtà infantile. Aldo si cimenta con Piaget, Montessori e Dewey.

Piaget, nella sua teoria degli stadi, disegnava per la prima volta in modo complesso lo sviluppo del bambino dalla nascita in poi, delineando l'immagine di un essere all'inizio ingenuo, incapace di interpretare correttamente il reale, poi sempre più in grado di avvicinarsi a una comprensione

[23] Capitini, 1967a, pp. 104-105.

razionale-scientifica, "corretta", della realtà. All'inizio della propria esistenza, il bambino incontra un mondo magico, nel quale ogni essere è animato, dotato di caratteristiche e qualità umane (gli animali e gli oggetti pensano, parlano, provano sentimenti, ad esempio) e collocato in un ordine teleologico predefinito. Questi elementi, meglio conosciuti come finalismo, animismo e artificialismo, definiscono un modo prelogico, intuitivo di avvicinarsi alla realtà, sostanzialmente sbagliato, che verrà sostituito dal corretto modo di percepire e interpretare il mondo. Il bambino, man mano che i due processi complementari di assimilazione e accomodamento permetteranno alla mente di apprendere il mondo, con la guida illuminante dell'adulto, si renderà conto che esistono distinzioni, ad esempio, tra viventi e oggetti inanimati o che nel movimento temporale non esiste un progetto. Il pensiero si adeguerà alle cose.

È ormai riconosciuto che, se l'apporto di Piaget alla psicologia dello sviluppo e della conoscenza dei bambini è stato essenziale, tuttavia esso è inficiato dai limiti di una visione tendenzialmente universalistica, che, se riconosce e valorizza il rapporto dinamico tra la mente e l'ambiente, tuttavia sottrae il soggetto alla diversità dei contesti, alle variabili culturali e si limita a evidenziare l'aspetto cognitivo dello sviluppo, trascurando altre componenti evolutive, come l'affettività. Piaget, peraltro, non si chiede se l'acquisizione dell'abito razionale comporti una perdita in termini di capacità immaginativa e creativa, evidenziando una mentalità e un'impostazione epistemica di chiara derivazione positivistica. Molto noto, poi, è il punto di vista sul linguaggio elaborato da Lev Vygotskij[24], oggi in fase di grande riscoperta, che svela l'impianto sostanzialmente individualistico di Piaget e ne offre un altro, radicato nella socialità umana come base primaria per lo sviluppo della mente.

Con questo gigante, insomma, ci si è dovuti misurare

[24] Vygotskij, 1980.

sia in ottica di integrazione che di superamento, e anche Capitini lo rilegge alla luce della sua visione religiosa. La proposta piagetiana infatti confligge con le convinzioni di Capitini perché le caratteristiche infantili sono collocate in una sfera minore, inferiore rispetto al pensiero rigorosamente logico dell'adulto. Essa appare a Capitini limitativa e chiusa, poiché maschera dietro l'oggettività dei processi cognitivi l'assunzione dell'adulto a norma conoscitiva e di sviluppo (ma c'è anche un portato politico implicito) del bambino. Quello che viene presentato come il mondo esterno, monisticamente inteso, oggettivamente conoscibile attraverso i processi che la mente, da sé, pone in atto, è – mette in guardia Capitini – il mondo degli adulti, il mondo come lo vedono gli adulti. A quel mondo, i bambini si adeguano, hanno da adeguarsi, vengono abituati ad adeguarsi. Ma è veramente così che deve andare? Il passaggio dall'errore della mente alla correttezza del pensiero non potrebbe essere travisato dal nostro filtro adulto, che ci impedisce di vedere altre verità profonde dell'infanzia? È sufficiente parlare dell'errore della mente, o, come ci spiega in modo illuminante Daniela Lucangeli, è necessario anche soffermarsi sul dolore della mente nel suo contatto con la realtà limitata?[25] Sto mescolando Capitini e le neuroscienze e sono consapevole che si tratta di un volo pindarico, che tuttavia mi sembra necessario.

Capitini assume un punto di partenza molto diverso da quello piagetiano: la realtà, quella realtà che precede lo sguardo del bambino, non è più la realtà unica, monistica, da accettare così com'è e da scoprire come un dato di fatto. È invece una realtà pesantemente limitata dal male, e come tale è spaccata in due, dualizzata: fendendosi, non senza dolore, si apre alla possibilità di essere tramutata. In tal senso, il movimento dei fanciulli, figli della festa, verso il mondo non è di adeguamento alla realtà cui appartiene l'adulto, né

[25] Lucangeli, 2019; 2021.

deve esserlo, ma è di *tramutazione*. Il fanciullo introduce un elemento dinamico, che non parte dalla realtà per modificarla, ma già in partenza vive e respira la realtà tramutata, cogliendo nella *realtà com'è* ora germogli di liberazione. A Piaget sfugge la capacità dei piccoli di scorgere nella realtà connessioni e relazioni di unità, amore che prefigurano la *realtà liberata* e che dicono qualcosa del bambino: ci parlano delle sue *esigenze aperte*.

Parlare alle piante, offrire il tu all'animaletto, cercare una comunicazione con gli utensili della quotidianità, sottraendoli alla loro funzione e attribuendo loro caratteristiche di viventi, per Capitini, non sono le modalità erronee di una mente immatura, che ancora non sa distinguere tra i livelli di affetto da offrire agli umani e quelli, quantomeno più bassi, da concedere a un cane o a un geranio; di una mente incapace di mettere le cose al giusto posto, ognuna con la funzione per cui è stata costruita; di una personalità che ancora non si rende conto che la pianta non risponderà al suo "come stai?".

Il bambino non è riducibile all'inesperto che tiene dietro al genitore o all'insegnante, trasformabile attraverso un "intervento illuministico" di schiarimento come da una nebbia e di organizzazione razionale dei dati attraverso l'accertamento diretto della realtà. È piuttosto colui che attinge a una realtà talmente diversa da apparire incomprensibile all'adulto, di volere un mondo dove davvero tra uomini, animali e cose c'è comunicazione profonda e amore. Dove davvero tutto ha una direzione di senso che sostiene il pensare e l'agire. Dove davvero anche con gli alberi, le pietre, gli utensili si può parlare.

Il bambino ha già quel mondo dentro di sé lo esprime, mostrando all'adulto l'esigenza di realizzarlo pienamente, di compierlo. Questa esigenza, Capitini la definisce significativamente "aperta", perché è esigenza di unità, amore che non si ferma ai familiari, ai vicini, agli umani, ai viventi, ma desidera continuare all'infinito. È su questa esigenza che l'adulto ha da incardinare il suo rapporto educativo con il bambino, poiché questi gli mostra un mondo diverso e gli chiede di porgerglielo così, non nei modi (stantii, vecchi, chiusi) cui invece l'adulto è abituato a darglielo.

Da un punto di vista anche operativo, l'esigenza di amore, come tutte le esigenze aperte del bambino, va dunque confermata in nome della verità più alta che è la compresenza. Non va invece, come capita spesso, ignorata o corretta, in virtù di una visione tanto razionalistica quanto separatrice, che introduce continuamente discriminazioni e distanze: tra i parenti e gli estranei, tra i vicini e i lontani, tra gli amici e gli altri. E si potrebbe aggiungere, pensando alle categorie capitiniane, tra i sani e i malati, i ricchi e i poveri, i belli e i brutti, i produttivi e gli inutili, tra gli esseri umani e gli altri esseri:

> *I modi educativi debbono dare conferme a ciò che il bambino porta di realtà liberata, e soprattutto il suo voler amare: è l'infinità di cui è capace, nonostante il suo essere inerme; nel suo dire tu, non c'è un errore, o una categoria artistica e mitizzante, ma l'aspirazione ad una realtà dove non siano "cose", e a tutto si possa rivolgere un tu efficace ed ascoltato.*[26]

L'esigenza del fanciullo è di un amore verso tutti, illimitato tanto nel ricevere che nel dare, che non si cura di introdurre proporzioni e misure, ma coglie le occasioni. Un amore che non può esser lasciato inaridire e cader via, sprecando le potenzialità rivoluzionarie di una spinta infinita di affetto verso tutti. È per questo che, per citare un'altra voce immensa sull'infanzia, Janusz Korczak: "sì, i bambini meritano il nostro rispetto, la nostra fiducia, la nostra amicizia"[27]. Korczak, il pediatra educatore del ghetto di Varsavia, usa parole profondamente assonanti con il pensiero di Capitini, possiamo farne uno specchio che fa risuonare il

[26] Capitini, 1968b, p. 345.
[27] Korczak, 2004, p. 48.

pensiero di Aldo:

> *Lo spirito democratico del bambino non conosce gerarchie: soffre ugualmente davanti alla fatica di un operaio, alla fame di un compagno, alla miseria di un cavallo da tiro, al supplizio di una gallina che viene sgozzata. Cane e uccello sono i suoi vicini; farfalla e fiore i suoi eguali. In una pietra o in una conchiglia scopre un fratello. Orgoglioso della sua nuova ricchezza si allontana da noi; ignora che solo l'uomo possiede un'anima.*[28]

Quel che incontriamo è un bambino connotato dai tratti della delicatezza, dell'apertura amorevole, capace di moltiplicare piccoli stimoli in grandi apprendimenti e non (solo) per dotazione cognitiva o neurale, ma per appartenenza alla *realtà liberata*. Il suo abito più significativo sarà la gioia.

La gioia
(Da A. Capitini, *Il fanciullo nella liberazione dell'uomo*, pp. 221-224)

Che la gioia sia sentimento prossimo alla religione è cosa nota; la gioia è il segno che si è raggiunta la totalità, e rimanendo ancora la possibilità di un'attività, di esprimere qualche cosa, sorge la gioia; raggiunto un tutto, si espande la gioia. La gioia è anche il segno della certezza che dopo verrà qualche cosa di migliore, che la realtà è fatta come un gradino, e questa certezza di una migliore realizzazione si esprime in gioia. Queste due ragioni sono presenti nel fanciullo, che raggiunge agevolmente il senso di un tutto, e che ormai hai imparato che la realtà intorno a lui è crescente. Ma c'è una ragione fondamentale nella sua gioia, che è essenzialmente di una realtà liberata dai limiti; ed è la riconoscenza per avere problemi da risolvere, che la realtà presenti non il nulla, ma cose che sono occasioni di attività, di amore, di sapere. [...] Per questo il fanciullo è così

[28] *Ivi*, pp. 35-36.

facile alla gaiezza, alla festosità, perché coglie questo rapporto puro e originario. Ebbene questo è proprio della realtà liberata dai limiti; dove i problemi sorgono non per ragioni utilitarie, ma insieme con la gratitudine che sorgano tali occasioni, celebrando la presenza di un sapere che si costituisce insieme con la realtà. Questa gioia come dominante e persistente è la sollecitudine alla liberazione dal vedere il conoscere come utilitario: conoscere è cantare la gratitudine, la presenza di una realtà positiva infinitamente al posto del nulla; è rispondere con letizia alla scelta che fa la realtà di essere piuttosto che non essere. Il fanciullo mostra, a momenti, finché non è sopraffatto da un'educazione sbagliata, questa possibilità: che conoscere sia essere lieti e cantare, e rallegrarsi all'apparire di ogni cosa, dell'elefante, della cascata, della stella cadente, e al porsi il problema del loro essere.

Il comico

E un'altra ragione della gaiezza, che è molto istruttiva e si accompagna a questa, è la scoperta del comico, del buffo, del distruttivo delle misure consuete. Cioè l'ambito della realtà è sentito più largo, perché ancora l'educazione e l'abitudine non hanno imposto un ordine, e spento l'esigenza di altro; resta la proposta che l'abitudine fa di un ordine, ma è anche ammessa la possibilità che questo ordine sia infranto; ed uno si vesta in modo singolare, o si muova, gesticoli; e questo suscita gaiezza, appunto perché è un nuovo modo di essere anch'esso, un realizzarsi fresco e inedito, e l'animo non è sopraffatto del tutto dall'abitudinario. [...]

Armonie con la gaiezza del fanciullo

Il segno profondo della gaiezza del fanciullo è colto, dunque, dall'atto religioso perché, al sommo della

serietà dell'impegno, la mette in rapporto con ciò che attendeva, e perciò la coltiva e la incanala verso il suo significato migliore e puro. E siccome la gaiezza è un canto, non va interrotta arbitrariamente, ma solo con ciò che lo stesso fanciullo può accettare, e che precisamente è il lavoro per risolvere quel problema portato dalla realtà che suscitava gaiezza. Il modo dell'educazione a questo riguardo è di intuire il problema che c'è nella letizia del fanciullo e di trarne un'attività. [...]
Cogliere il rapporto tra la facilità del fanciullo alla gioia e il sorgere dell'attività è costituire dei piani di lavoro e di scoperta del sapere che mette al posto dei centri di interesse trovati nelle funzioni vitali, motivi più profondi e religiosi. Non capisco perché si voglia rendere il fanciullo più falsamente concreto e inutilmente materializzato di quanto egli voglia essere; per es. nel fatto del mangiare, tirandolo ad apprendere come si è svolta l'alimentazione dei secoli, o come si svolge nel vario mondo degli esseri viventi. L'argomento si appesantisce immediatamente, e quella amorfa oggettività o storia resta estranea o è accettata ineducativamente: il fanciullo farà sforzi, finché non sarà sopraffatto, per ricondurre all'essere vivente ciò che dovrebbe essere il fatto oggettivo storico; e vi dirà: e allora che cosa fa? Che cosa fanno? Perché pensa che cosa farebbe lui a quel posto, abbozza un progetto, si propone un programma di azione; e qui ci sta non l'alimentazione per l'alimentazione, ma il problema di evitare e impedire certa alimentazione (per es. l'antropofagia), il problema di apprestare alimentazione dei bambini, tutte cose presenti e dinamiche in cui il tema non è quello astratto, privo di riferimenti al valore, positivistico, del nutrirsi soltanto. [...]
La gioia del fanciullo è, dunque, alla origine di due direzioni educative, a cui l'educatore religioso può applicare i modi che egli ha preparato ed escogita lì per lì, secondo l'ispirazione che gli viene dalla vita

religiosa di mettere in rapporto la formazione con un valore. Una direzione quella del passaggio dalla gioia a piccoli o complessi problemi che sono di attività e, insieme, di scienza: si pensi, per i piccoli, il mare, per i meno piccoli il bosco, una grotta, un castello. Quella gioia che trabocca per il nuovo, per avere problemi da risolvere, per sottrarsi all'abituale che non presenta più problemi (a meno che il ragazzo non sovverta l'abituale per trarne il nuovo, come in un bel racconto di Giuseppe Dessì dei ragazzi che rovesciano un tavolo di casa, e vi salgono su e partono come fosse una nave). L'altra direzione è quella dell'accostamento, del tutto lontano da considerazioni utilitarie (appunto perché il fanciullo vi impari una cosa soltanto, ad aver fiducia nella gioia che sente dentro), di esempi, di espressioni, di letizia festosa. Queste armonie lo corroborano, perché v'è in tutte qualche cosa di più alto della vitalità per la vitalità, dell'utilità per l'utilità.

L'atto di educare si rivela, in ogni pagina scritta da Capitini, come atto religioso per eccellenza. Il rapporto tra religiosità ed educazione vede il primo termine generare il secondo, tanto che si potrebbe parlare non tanto di educazione religiosa, ma di una religiosità educante, nella quale i due termini si intrecciano sinergicamente sporgendosi verso la liberazione:

> *L'atto religioso, abbiamo visto, non è atto liberato, ma è atto aperto alla realtà liberata: è atto che stipa in un attimo tutto il dramma del passato, e tutta la possibilità dell'avvenire. Ed è proprio questo squilibrio o iato interno all'atto che gli assicura la sua apertura: perché se l'atto fosse liberato, se io fossi liberato, intenderei l'incontro col fanciullo non come incontro con un inizio nuovo, ma come ripetizione della mia liberazione.*[29]

Dislivello, iato, squilibrio, dramma formano il lessico educativo capitiniano e danno la misura della distanza dalle impostazioni psicologiche e attivistiche, che avevano introdotto importanti novità nelle pratiche e nelle idee educative, ma che rimanevano ancorate al dato di realtà, senza mettere in tensione l'operare educativo verso un orizzonte escatologico. Anche quando si proponevano di "guarire" l'educazione dell'autoritarismo che aveva segnato l'impostazione tradizionale, il massimo che riuscivano a concepire era il rispetto di un equilibrio psicologico per il bambino e quindi per il futuro adulto e il raggiungimento di una "normalità", che a Capitini non poteva bastare. Anche se le os-

[29] Capitini, 1953, p. 23.

servazioni e le intuizioni della Montessori sono validissime – e oggi confermate dalle neuroscienze e dall'epigenetica – la loro giustificazione rimane insufficiente, perché, ad esempio, "la collaborazione è di amore prima che di attività, è di fondazione di realtà nuova"[30], e puntando a costruire una realtà nuova non può avere come obiettivo massimo la salute psichica, lo "sviluppo di tutto ciò che la natura ha messo nel bambino"[31], perché c'è un gradino ulteriore, c'è un orizzonte da raggiungere che travalica anche il miglior risultato. L'educazione ha da compiere il movimento che dalla normalità si mette in volo per la *realtà liberata*.

E in questo, come ormai sappiamo, non c'è pace, c'è lotta.

È lotta per l'educatore, nelle cui mani è il compito non di forgiare, di dare una "forma", e neppure di fornire semplici occasioni di esperienza di cui il fanciullo farebbe tesoro da sé. Il compito educativo si condensa nella responsabilità di vedere in chi viene dopo gli agenti del cambiamento dell'umanità-società-realtà: e questo significa che l'educatore non dovrà solo portare gli educandi alla realtà, alla conoscenza delle sue massime espressioni di civiltà mediante il sapere, alla sua amministrazione attraverso le abilità e le competenze pratiche. Ma dovrà soprattutto impegnarsi sempre per studiare i "modi di portar, noi, la realtà all'altezza di ciò che essi faranno"[32]: la liberazione è qui davanti, è nei bambini. Perché la realtà vada verso le realizzazioni nuove a cui essi daranno vita, è necessario che gli adulti lavorino su sé stessi e sul mondo, affinché possano porgerlo ai bambini e lasciarlo a loro degnamente.

Tra i dislivelli su cui si fonda, quindi, l'educazione, c'è sia quello tra *realtà com'è* e *realtà liberata*, sia quello tra ciò che è per il valore e ciò che attiene la sfera dell'utile e dell'amministrativo. L'educazione non può limitarsi a rimaneggiare la realtà lasciandola inalterata; essa ha da porsi

[30] Capitini, 1967a, p. 348.
[31] *Ivi*, p. 350.
[32] Capitini, 1953, p. 25.

come *appassionata acquisizione di valori*[33], e quindi appassionata comunicazione di valori, ovvero condivisione profonda dell'esperienza vissuta, del contatto pratico con la vita che il bambino cerca costantemente, che genera civiltà e ad ogni atto del dire ricostruisce il mondo. Appassionato è l'aggettivo "religioso", che imprime il segno di un sentire forte che accomuna educatore ed educando e connota il loro andare insieme.

La priorità del valore, col suo potere tramutante, non mette in secondo piano, ma modifica radicalmente il rapporto con il sapere e con il fare: nessuno dei due ha senso in sé, ma ciascuno lo acquista in rapporto a un vissuto più intimo e profondo. Da un punto di vista pratico, Capitini si rende conto già ai suoi tempi che un'istruzione che si accontenti di trasmettere solo il sapere non sarebbe in grado di gestire l'immensa mole di conoscenze umane e che è prioritario imparare ad apprendere, cioè acquisire quelle che oggi chiamiamo "strategie metacognitive". Questo mette ancor più in rilievo la necessità di ripensare il rapporto con il sapere, evidenziandone il carattere di strumento per la liberazione. Non sono i metodi di studio a fare la differenza, ma il desiderio, la fiamma della curiosità e della gioia, che è spinta del vivente verso la propria e altrui realizzazione.

Imparare per ricostruire il mondo su basi nuove, per ri-crearlo, è l'educazione e ha al centro la creatività, che è sempre libera e aperta e gioiosa. Il conoscere quindi, religiosamente inteso, diventa "un fare che mette ciò che conosce in rapporto con un dramma di liberazione"[34], poiché "ciò che è religioso non desidera trasmettersi e continuare pacatamente, salvandosi un posticino e una proprietà al sole, ma consumarsi tutto per giocare tutto e realizzarsi tutto e aprirsi al meglio"[35].

Costruire le proprie conoscenze, peraltro, attingere al

[33] Capitini, 1969, p. 110.
[34] Capitini, 1953, p. 27.
[35] *Ivi*, p. 48.

patrimonio della cultura umana rimane essenziale per la coltivazione di sé e Capitini sottolineerà sempre la necessità di avere docenti colti e un'istruzione della miglior qualità possibile, ma il sapere è la base da cui partire per rivoluzionare il mondo e questo è possibile solo se esso diventa occasione di contatto intimo con il valore.

Se Dewey aveva superato la distinzione tra studi letterari e tecnico-scientifici, facendo cadere la tradizionale discriminazione a vantaggio dei saperi "umanistici", se nell'umano poteva farsi rientrare tutto ciò che riguarda e interessa l'umanità, tuttavia, sostiene Capitini, c'è bisogno di rintracciare all'interno del sapere gli elementi che lo rendano formativo e lo collochino a ragione nel percorso educativo (e non puramente informativo-istruttivo).

L'apprendere religiosamente connotato, di conseguenza, necessita di modalità nuove e da scoprire, che non assumano semplicemente il sapere ma lo ricostruiscano intimamente, e che attribuiscano allo studente il compito non solo di scoprire, di esplorare, di proporre divenendo soggetto attivo, sempre più capace di scomporre la realtà e ricomporla in combinazioni nuove. Dewey aveva denunciato la necessità di cambiare le modalità di apprendimento dei fanciulli, quando faceva notare che sia l'aula scolastica in senso fisico-spaziale, rigidamente strutturata con i suoi banchi allineati, sia le pratiche svolte al suo interno, quasi tutte riconducibili ad ascoltare qualcuno, insegnante o libro che fosse, rispondevano a una concezione passivizzante, che diceva la dipendenza del bambino dal mondo adulto e rivelava l'aspetto autoritario dell'educazione (non è cambiato molto lo scenario...). Passività e dipendenza stanno in stretta relazione con la possibilità di controllare soggetti ai quali viene impedito di muoversi, di agire tanto fisicamente che mentalmente. Dewey riporta al centro dell'educazione l'attività, la possibilità di prendere l'iniziativa spaziando in un mondo che verrà scoperto in prima persona dal bambino, lasciando libera – per poi indirizzarla – la naturale tendenza al "fare", in modo che "egli arrivi a conseguire l'impiego intero e pronto di tutte le sue capacità"[36].

La concezione deweyana evidenzia il legame tra il sapere e il fare e li vede alleati nel duplice scopo educativo che è la crescita individuale-psicologica insieme alla crescita sociale della collettività. Capitini raccoglie l'importanza delle indicazioni di Dewey, le valorizza e le supera attraverso l'aggiunta religiosa. Quel che Capitini non scorge in Dewey è la prospettiva dell'ulteriorità, la tensione a un futuro che oltrepassi anche il massimo del futuro realizzabile oggi con i mezzi limitati a disposizione dell'essere umano. Il futuro per Dewey è tutto nel qui, anche se non è nell'ora. Per Capitini invece non basta dare spazio ai nuovi nati affinché si approprino da sé e con la maggior libertà d'azione possibile degli strumenti che consentano lo sviluppo e delle loro capacità e del benessere generale; né basta che vengano supportati nella costruzione di strumenti nuovi, che diano corpo a un concreto e democratico progresso dell'umanità. Questa visione, certamente positiva, si esaurisce tutta nell'ottimistica fiducia nella vitalità e nel dare linfa ad essa. È la visione pionieristica dell'uomo del Nuovo Mondo, alle prese con la natura selvaggia e deciso a costruire e ampliare con le sue forze – di individuo e di gruppo – il proprio raggio d'azione. Scienza e democrazia sono i mezzi complementari più funzionali a questo scopo, mentre la mente-attività diventa la facoltà da incrementare, con la fiducia che anche la pacifica convivenza nella società passa da lì.

La concezione deweyana non può essere compresa senza il consustanziale riferimento all'economia capitalistica come motore evolutivo della società. Ma è difficile (anzi, è impossibile), soprattutto dopo le radicali trasformazioni intervenute dal secondo dopoguerra in poi, immaginare una visione educativa davvero trasformativa dentro la cornice capitalistica. Chi voglia mettere al centro la realizzazione

[36] Dewey, 1954, p. 7.

di una realtà radicalmente tramutata, non può accettare quella cornice né le migliorie possibili dentro quel recinto. Non solo sono insufficienti, ma sono paradossali, perché finiscono per supportare il capitalismo stesso: se anche i mezzi e i modi dell'educazione appaiono più rispettosi, il fine è il mortifero asservimento al denaro. Dewey, che non vedrà gli effetti devastanti del consumismo, la finanziarizzazione di ogni aspetto della vita, il crollo del welfare proprio nello stato nel quale aveva creduto, la precarizzazione delle esistenze e l'asservimento dei sistemi della conoscenza alle corporation e il loro strapotere globale, lo sfruttamento assassino della natura, l'era iperindustriale e il capitalismo della sorveglianza, non poteva immaginarlo. Ha creduto profondamente in un rinnovamento felice della condizione umana in virtù della scienza, del benessere e della democrazia e ci ha consegnato una pedagogia ricca di elementi fecondi, ma inevitabilmente miope, perché non pone punti di rivolta con il sistema. Restando interamente dentro la cornice, la libera iniziativa del bambino ha un effetto paradosso, finisce per consolidare il sistema invece che trovarne le fessure e smontarlo. Ed è su questo punto che Capitini non può accogliere l'impianto deweyano.

Per Capitini l'essere umano, e con una specificità unica il bambino, è soprattutto soggetto "creativo", radicalmente creativo, cioè in grado di dare vita alla conoscenza e alla realtà, trasfigurandola, di crearla nel senso più forte attribuito a questo termine. Dalla sua posizione di appartenente alla *realtà liberata*, il bambino infatti nasce in grado di generare novità radicali, rispetto alle quali nessuna realtà data è sufficiente. Questa competenza preziosissima va sostenuta anche da un punto di vista cognitivo e del sapere. Certo, tenendo conto delle conoscenze acquisite dall'umanità precedente, ma non ancorando ad esse né l'istruzione né, a maggior ragione, l'educazione dei fanciulli, che va incoraggiata verso un inedito imprevedibile dal maestro.

In questo senso, se il contatto pratico con la vita rappresenta la forma educativa e istruttiva più consona, precedendo, accompagnando e mantenendo maggiore importanza rispetto a ogni altra, anche la sfera pratica del fare va dunque specificata e distinta al suo interno in senso religioso, poiché esiste un fare che è solo espressione dell'utile e un fare che realizza valori. L'educazione attiva aveva liberato l'attività dell'educando dalle chiusure dell'autoritarismo, conferendogli il potere di elaborare progetti, agire, scegliere cosa diventare come "uomo che può fare"[37], ma tale agire pratico non ha nulla di drammatico e si limita a un movimento all'interno della realtà così com'è. Nel fare religiosamente connotato invece, l'azione assume significato in rapporto con l'inizio della *realtà liberata* che viene fondata da quell'agire, è un fare che ha valore di parto, di nascita, di *tramutazione*. La possibilità di attribuire piena soggettività a entrambi i modi di agire è differente: non posso dire ugualmente *io* in entrambi i casi, poiché il primo fare continua e l'io che agisce è quello della normalità alla Montessori o al massimo del dissenso riformistico alla Dewey; mentre il secondo io trasforma, ridice le cose, rivoluziona le pratiche, riscrive i linguaggi, genera la *realtà di tutti*. Perché è un fare che appartiene a tutti e che per sua caratteristica costitutiva chiede che l'io si apra all'Uno-Tutti, cioè comprenda nel fare ogni singolo essere venuto alla vita, anche chi sembrerebbe escluso dall'azione per un'incrinatura nella sfera della vitalità, come il malato, il menomato, il morto o per immaturità, come il neonato.

L'educazione "comunicherà questo concreto sentire la coralità del fare superiore"[38], come altrettanto corale sarà la scoperta della verità, che non viene trasmessa come un *deposito sacro*, che appartiene a una casta di sacerdoti ed è de-

[37] Capitini, 1953, p. 51.
[38] *Ibidem*.

stinato a un gruppo di eletti, ma è svolta dinamicamente da coloro che sono all'inizio. Il tema della coralità ritorna a caratterizzare l'educazione, e da più punti di vista: innanzitutto l'educazione così intesa non può che essere democratica, anzi omnicratica, essa cioè mette al centro il sacro principio dei tutti. È aperta a tutti, rifiutando di introdurre discriminazioni tra eletti, salvati, catecumeni e gli altri, si apre a tutte le differenze. Corale, cioè vissuta insieme, è l'esperienza del valore, cioè l'esperienza educativa, non goduta in solitudine o peggio in competizione con altri individui, poiché è nella sua struttura più intima evento relazionale generativo della compresenza. Essa quindi vede insieme maestro e fanciullo, fanciulli tra loro e con gli altri esseri umani e non umani, di ogni età, colore, genere, credenze. Corale è quel che di essenziale viene scoperto del valore, cioè che appartiene a tutti. E quindi corale è il sapere che viene generato da questa educazione: non più un sapere "trasmesso", e nemmeno un sapere solo "scoperto" e incrementato agendo nel presente come per Dewey, ma un sapere inventato, che raccoglie con entusiasmo il già conosciuto, ma cerca modalità creative e cooperative (corali, appunto) per dare alla luce conoscenze nuove. Corale, infine, è il fare che vede associati soggetti in relazione reciproca di apertura che vivono l'unità con tutti come prioritaria, essenziale e costitutiva rispetto a ogni altro fine perseguibile insieme. L'agire in questo modo, non più come monadi isolate o in guerra tra loro (le due cose sono contigue), ma nemmeno solo per un accordo/contratto strumentale, è quello che produce il valore, ri-crea la realtà liberandola, realizza la compresenza.

Dentro questa cornice, si comprende meglio l'ispirazione critica che Capitini rivolge all'educazione imperniata sull'ideale dell'armonia classica:

> *Troppo è dominata nel considerare l'educazione la idea di armonia delle attitudini, delle facoltà, delle esperienze, e la tradizione della civiltà greco-europea ha presen-*

tato proprio qui uno dei suoi aspetti dominanti.[39]

Si tratta di un concetto fondato sull'ideale greco della *kalokagathia* e di *forma* latina, ossia forma bella, bella perché avente una forma definita e armoniosa nelle sue parti. Lo sviluppo armonico ha rappresentato un ideale per millenni, sebbene non democraticamente pensato per l'universalità degli umani, ma per gruppi di eletti, e ha significato possibilità di crescita, spazio, ossigeno per tutte le dimensioni dell'individuo. Questo ideale non si è mai concretizzato, se pensiamo che l'educazione contemporanea è pesantemente sbilanciata sull'intelletto a discapito del corpo; sul nozionismo astratto dimenticando il concreto; sull'intelligenza matematica e analitica, a detrimento della molteplicità delle intelligenze. Un modello unico che si fa beffe non solo delle tradizionali cenerentole dell'educazione (corpo e manualità in testa), ma anche delle recenti e altrettanto misconosciute neurodiversità. In questo quadro, in cui si continua a promuovere un ideale puntualmente disatteso (e quindi ingannevole e beffardo), la riflessione di Capitini va più in profondità, mettendo in discussione la bontà dell'orizzonte disegnato dall'armonia e chiamando la pedagogia ad aprire gli occhi sulle spaccature della realtà, sulle sue dissonanze, sulle ferite e le cicatrici, sui misteri insondabili, sulle scissioni e le contraddizioni e i conflitti. Tutti elementi presenti nella realtà, non come aspetti negativi da "aggiustare" ortopedicamente, ma da inserire in una dinamica feconda, senza l'illusione di un'identità pacificata, illusoriamente libera da sbavature e vuoti.

Questo tutto organico in cui le parti sono valorizzate e ben collocate in uno spazio riconoscibile, sembrerebbe il fine per eccellenza dell'educazione, un fine nobile. Tuttavia, il pericolo – e Capitini mostra di comprenderlo e di possedere una straordinaria sensibilità novecentesca – è

[39] Capitini, 1951b, p. 4.

trascurare la presenza, nel percorso esistenziale e formativo dell'identità personale, di zone d'ombra. Elementi che non possono rientrare nell'ideale dell'uomo (che vuol dire maschio e solo maschio nella civiltà che ha partorito quell'ideale) *kalòs kai agathòs*, buono e bello, ma che vanno considerati "umani", per quanto disarmonici, brutti, negativi, sgradevoli, dolorosi. Davanti ad essi l'educazione spesso si espone a tentazioni rischiose: chiudere o estromettere le disarmonie, evitarle in quanto componenti problematiche e di complessa metabolizzazione, comprimerle come eccedenti, reprimerle come inutili, insomma negarle in nome di una proposta che preferisce non lasciarsi chiamare in causa dall'inquietudine irriducibile dell'esistenza.

Ripensare il rapporto con le ferite non significa tanto portare la luce, quanto imparare a scorgere nell'ombra, a orientarsi tra i chiaroscuri, a riconoscerli parte di un paesaggio in movimento di incommensurabile meraviglia. E continuare a percorrerlo mano nella mano.

L'amore
(Da A. Capitini, *Il fanciullo nella liberazione dell'uomo*, pp. 227-228)

Il fanciullo comprende l'amore anche se non è di molte parole; anzi ama una certa sobrietà verbale, perché il fanciullo non gusta le molte parole in nessuna cosa, specialmente se importante; è sensibile ai sentimenti, scruta gli atti, percepisce la serietà da cui escono; egli può essere ingannato, ma non lungamente. Ed ama non solo chi lo ama, ma chi gli dà occasioni di amore; e qui è l'importanza dell'educatore, il quale ha proprio il compito di suscitare queste occasioni. Che i fanciulli conoscano i vecchi ed esercitino quel particolare amore che in loro si desta in questo caso cercando di andare oltre una differenza stabilita nel tempo; e quindi non assistano che ad atti di reverenza per i vecchi. C'è una profonda saggezza nel loro amore per i vecchi, un insieme di sentimenti di alta qualità: una reverenza per essere diversi e con un loro tono e aspetto particolare, una tendenza ad aiutarli (bisogna favorir questo, organizzando anche servizi appositi), un compensarli di ciò che la vita ha loro tolto. Vicino al vecchio il fanciullo sente di poter dare, e di poter ricevere parole, racconti, esperienze, mosse che hanno qualche cosa di misterioso e insolito. [...] Ma le occasioni di amore debbono essere anche fuori dalla famiglia, e guai a dare al fanciullo l'impressione che la famiglia sia il quadrilatero dell'esclusivismo. Egli deve vedervi un organismo aperto, un campo di esercizio e di fruizione che è anche allenamento all'apertura ad altri. Altrimenti il fanciullo cercherà di rimediare da sé, e lo farà, saggiamente come ispirazione, inespertamente come esecuzione. [...] Bisogna non far sentire uno stacco netto tra parenti e non parenti: la famiglia si apre continuamente all'amicizia, e questa è fermissima. Perché, e questa è un'altra cosa ottima, il fanciullo non fa una distinzione tra amore e amicizia; se gli dite: in me tu hai un amico sicuro; gli dite moltissimo ed egli lo apprezzerà profondamente, vorrà essere anche lui così, magari subito col cane. Per questo egli è sensibile all'amicizia tra i genitori: egli cerca nell'un genitore un alleato nell'affetto e stima verso l'altro; e se lo trova, ne ha una grandissima soddisfazione; e se non lo trova, è un dramma [...] Il fanciullo suppone che l'amore sia fondamentalmente amicizia, più tardi imparerà che può essere anche altro; ma che egli veda quello è moltissimo, perché egli ha un alto concetto dell'amicizia, che è fedeltà, veracità, vedere il bene nelle persone, perdonare al resto, sperare sempre di là da ogni smentita che esse migliorino, sovvenirle, tenere il cuore e la casa aperti. Egli vorrebbe vivere così l'amicizia; se ci vedrà, invece, darla a condizioni, ritrarla, egli smarrirà quella verità che portava. L'educazione religiosa

stabilisce continue armonie tra questa tendenza del fanciullo e la condotta dell'educatore, sì che quello si trova confermato e impara la concretezza dell'esecuzione. [...]
Sta nell'educatore mostrare (e in ciò confermare il fanciullo) che l'amicizia è interessamento alla situazione in cui l'altro si trova, attenzione agli altrui problemi, intervento a risolverli quando sia necessario. E qui il fanciullo deve ben presto vedere che questi provvedimenti sono presi in comune, non per elargizione personale in cui potrebbe esserci qualche cosa di egoistico e di esibizionistico. Il fanciullo deve al più presto assistere ed essere poi ammesso in gruppi deliberanti: se c'è da prendere una decisione importante in famiglia, nel vicinato, altrove, se c'è da fare un progetto, si attua il metodo della discussione.

La riflessione capitiniana sulla scuola offre moltissimi spunti. È un tema sul quale Capitini entra nel vivo del dibattito a lui contemporaneo, egli si attesta come una voce autorevole che, in particolare nel secondo dopoguerra, dà vivezza ai tanti scambi e contributi che riempivano le riviste e i giornali. È stato certamente il periodo più fecondo ed effervescente, quello che vedeva nascere, in un'Italia comunque spaccata e senza una tradizione democratica, una scuola nuova, pensata dalla Costituente come luogo di dibattito e formazione della cittadinanza e, ancor prima, come diritto universale.

Come considera la scuola il Capitini anti-istituzionalista? L'incipit del capitolo su scuola e società in *L'atto di educare* rompe con l'implicita assunzione della sua indispensabilità nella formazione dell'individuo.

> *Il compito essenziale della scuola è di intensificare l'esperienza autoformatrice. Se non vi fosse un'istituzione a ciò predisposta, l'autoformazione avverrebbe lo stesso [...] perché qualche cosa insegni non c'è bisogno di costituire l'istituzione scuola.*[40]

Questa considerazione, collocata non a caso vicino alla questione del rapporto non facile tra scuola e mondo esterno, non verrà sviluppata in vista di esiti vicini alla descolarizzazione[41], ma resta come un suono di sottofondo, un

[40] *Ivi*, p. 106.
[41] Illich, 1972.

rumore bianco che mette in allerta rispetto alla "naturalizzazione" di quello che è soltanto un prodotto storico, destinato – come ogni opera umana – a concludersi. Capitini, assumendo la logica dolce dell'aggiunta, non si esprime a favore della sua sparizione come farà Illich, ma ritiene si debba costantemente vigilare sul carattere di istituzione, con il suo portato di imposizioni e autoritarismo, affinché possa il più possibile aprirsi.

L'apertura è verso la *massima comunità pensabile*[42]. La dinamica che porta i soggetti educativi, tutti, fuori dalle mura scolastiche, per incontrare le attività del luogo, con un riferimento particolare a quelle attività di servizio e di cura dei tu (gli ospedali, le associazioni ambientaliste, il volontariato) e a quelle civiche di controllo dal basso (come i sindacati o i giornali), rappresenta il primo ancoraggio del sapere alla pratica quotidiana, ma è anche il primo passo verso lo sconfinamento ulteriore, verso il superamento di confini che, se troppo rimarcati, ripropongono i rischi di chiusura. L'appartenenza alla comunità territoriale, prima che assuma i tratti dell'identificazione localistica, va rimessa in discussione e nuovamente scissa, perché possa aprirsi a un orizzonte più vasto e ancora e ancora più vasto, sino a prendere consapevolezza che i Tutti sono la massima comunità pensabile e in essa i confini restano aperti, perennemente:

> *la scuola, in qualsiasi luogo, deve vivere il principio della massima apertura riducendo allo strettamente indispensabile gli elementi e i valori che prende dalla comunità circostante. Così essa serve nel modo migliore alla comunità stessa.*[43]

Questa direttrice di movimento incessante porta Capitini a pensare la scuola non più come istituzione, ma come

[42] Capitini, 1967a, p. 125.
[43] *Ivi*, p. 126.

centro. Centro politico, perché essere così presenti nell'oggi e pure così tesi ad un oltre spazio-temporale amplissimo, significa recuperare pienamente la dimensione della condivisione, di un procedere insieme che costruisce i significati (e li decostruisce anche), che negozia le regole, che intesse relazioni, che cerca le parole nuove per dirsi l'orizzonte, la direzione verso cui spingersi. E che quindi assume senza riserve il carico di interrogarsi e tentare strade di destino comune.

In nome di una tale idea di politicità radicale, che vede la scuola impegnata attivamente ad agire dentro le dinamiche e non solo a farne al più oggetto di studio e riflessione, all'apertura massima corrisponde l'autonomia massima, che è funzionale a difendere la scuola dal tentativo – che è stato attuato minuziosamente dagli anni '80 in poi – di depoliticizzarla.

È un progetto ambizioso, quello capitiniano, che distingue l'autonomia sia da forme di decentramento puramente amministrativo, che riproducono strutturazioni gerarchiche, spostandole verso le periferie, sia dalla gestione puramente economico-finanziaria della vita scolastica. All'opposto per Capitini il potere, con le sue logiche di obbedienza, deve restare estraneo alla scuola, mentre il peso del sostegno materiale deve ricadere sugli organi dello stato, proprio per lasciare libera dalle preoccupazioni materiali una realtà che ha da mantenere saldo il focus sulla liberazione.

La scuola contemporanea è esattamente agli antipodi di questo ideale: la neoliberalizzazione ha pervertito gli scopi di rinnovamento di una struttura che certamente andava svecchiata (e i giovani del '68 avevano chiaramente indicato le direzioni più creative), riuscendo a partorire il mostro a tre teste in cui resta immutato se non appesantito – l'impianto burocratico immobilizzante dell'amministrazione pubblica, si scimmiotta il modello aziendalistico-competitivo e si perde definitivamente l'ultimo barlume di amore per la conoscenza. Insterilita da miriadi di norme e compiti di cui nessun attore della compagine scolastica riesce a rinvenire un senso intellegibile (se non quello di derubare di tempo chi dovrebbe dedicarsi al sapere e alla sua fioritura), delegittimata sul piano sociale, prona a riforme e decreti frammentari senza filo conduttore (o è l'assenza di filo conduttore la chiave?), la scuola cessa di essere luogo di speranze emancipatorie, di mobilità sociale, e resta "confinata nella penombra del vecchio mondo che sprofonda"[44], luogo di una tetraggine disperante, dove la dimensione del desiderio viene mortificata ogni giorno, i corpi restano costretti nell'immobilità, l'ansia e la paura sono le cifre della nevrosi degli allievi tanto quanto dei docenti.

Anche se Capitini non conosce la scuola odierna, sottoprodotto della società neoliberistica globalizzata, ha molto chiaro in mente che l'unico modo per rendere accettabile questa istituzione è liberarla dal peso della sussistenza materiale per affidarle piena creatività culturale. E ricostruirla attraverso una concreta compartecipazione di tutti (è omnicratica e cooperativa) come snodo aperto dal quale partono vettori in tutte le direzioni della conoscenza, dell'azione collettiva, dell'arte, della politica. Ovvero della convivenza umana e con tutti gli esseri venuti alla vita.

Capitini, peraltro, quando indica di inserire i fanciulli il prima possibile in gruppi deliberanti, aveva già fatto esperienza dei COS, all'interno dei quali erano partecipi i ragazzi. Auspica anzi la creazione di COS autonomi[45]. Egli guarda ai bambini e agli adolescenti come soggetti pienamente titolari del diritto di prendere decisioni comuni, in grado di partecipare consapevolmente – anzi con il di più che appartiene alla loro costitutiva vicinanza alla liberazione – ai processi di democrazia nella loro quotidianità. Per Capitini la scuola non è palestra di democrazia: deve essere luogo di reale democrazia, pena il venir meno del suo principale

[44] Vaneigem, 2020, p. 19.
[45] Capitini,1967a, p. 266.

compito educativo. Non ha senso fare della democrazia uno sterile oggetto di saperi mnemonici, se la strutturazione interna alla scuola non si democratizza. Nemmeno ha senso far finta che esistano processi democratici (si pensi alle rappresentanze studentesche e a quanto sia stato fallimentare il loro ruolo) laddove nulla della quotidianità scolastica è costruito sull'iniziativa e sul controllo dal basso.

Una scuola imperiata intorno alla cittadinanza attiva e diretta di quelli che dovrebbero essere i protagonisti della propria educazione, ovvero della propria biografia, necessita di una libertà di parola affrancata dalla tirannia della valutazione che pende su ogni singolo atto degli alunni; di una logica anticompetitiva, cooperativa, dialogica, in modo che gli alunni possano "ricevere il sapere partecipando e rivedendolo personalmente"[46]; di un lavoro comunicativo, co-costruttivo e critico di revisione dei saperi. È una scuola legata al territorio, di cui gli alunni dovrebbero conoscere gli enti, le istituzioni, le associazioni per potervi radicare la loro partecipazione e la loro azione trasformatrice; aperta alle altre realtà scolastiche anche non locali, da conoscere e frequentare attraverso corrispondenze interscolastiche (di freinetiana memoria) e scambio di studenti; e lanciata sul mondo, perché si allarghi sino ad abbracciare la dimensione internazionale.

Le acquisizioni di molti campi del sapere nel corso del Novecento e in questi primi decenni del terzo millennio sono tali e tante che le visioni educative migliori degli ultimi due secoli e mezzo possono dirsi concretizzabilissime su una base anche scientifica (si pensi alle neuroscienze). Le più alte intuizioni circa l'infanzia e i suoi bisogni più autentici, a cominciare dalla vita prenatale e perinatale, non sono elucubrazioni di menti solitarie e visionarie, relegate per comodità nell'empireo dell'utopia. Sono straordinarie anticipazioni di quello che la scienza oggi ci ha confermato: dalle

[46] Capitini, 1964a, p. 105.

teorie dei sistemi all'epigenetica, dalla fisiologia delle piante al microbiota, dalla PNEI alle neuroscienze, dalle intelligenze multiple ai superorganismi, noi possediamo quanto basta a rivoluzionare l'educazione e la scuola facendo, come ama dire D. Lucangeli, una "scienza servizievole". E per trasformarla capitinianamente nella *scuola che si fa amare*.

Possediamo visioni che sanno osare ed esperienze che si sono cimentate con audacia, certamente a livelli diversi di radicalità, ma accomunate da una spinta energica al ribaltamento di questa roccaforte blindata che è la scuola[47]. Esse hanno costruito una storia affascinante che lascia scie di rinnovamento ed eredità di pensiero che non sono ancora morte, nonostante l'apparente immobilismo autosegregante dell'istituzione. Di certo, dalle opere dei tanti uomini e donne impegnati per un'educazione al servizio della fioritura possiamo attingere, come hanno fatto Francesca Antonacci e Monica Guerra con il Manifesto *Una scuola*[48], per proposte all'altezza dei tempi e dei bisogni che emergono. Oppure per spingerci in un territorio più estremo e tuttavia non irrealistico, come fanno P. Mottana e G. Campagnoli con il Manifesto dell'educazione diffusa[49]. Siamo in un'epoca di prospettive effervescenti, che possono apparire finanche disordinate, che non di rado attirano critiche accese (dalle scuole libertarie agli asili nel bosco, dall'*homeschooling* all'*unlearning*...), ma che hanno in comune il disagio per l'istituzione che "è stata, con la famiglia, la fabbrica, la caserma e, in parte, l'ospedale e la prigione, il passaggio ineluttabile in cui la società mercantile piegava a suo vantaggio il destino degli esseri che si dicono umani"[50].

Non possiamo dimenticare infatti che la scuola come la conosciamo noi contemporanei nasce molto di recente, ha

[47] Neill, 2012; Lodi, 2022; Codello, Stella, 2011; Zavalloni, 2009; Lorenzoni, 2014; 2019 per citarne solo alcuni. Per un'analisi v. Antonacci, Guerra 2018.
[48] Antonacci, Guerra (a cura di), 2018.
[49] Mottana, Campagnoli, 2017.
[50] Vaneigem, 2020, p. 8.

meno di due secoli di storia. Prima della definizione dell'obbligo scolastico, la formazione dei bambini era determinata dall'appartenenza sociale. I figli dei ceti abbienti ricevevano in casa l'educazione intellettuale di base da istitutori; i figli delle "genti meccaniche" direttamente in bottega, nella gilda, per strada, nei campi apprendevano quei saperi pratici che potevano garantire la sussistenza. Una istruzione simile nell'organizzazione spazio-temporale della giornata si può rinvenire negli orfanotrofi. Altre ascendenze sono i conventi, i monasteri, i collegi degli ordini religiosi, le caserme. Nessuno di questi luoghi brillava per amorevolezza. L'etica che informava l'addestramento militare era incardinata sull'obbedienza all'autorità; non diversamente negli ordini religiosi. In entrambe le realtà vi si aggiungeva un'etica sacrificale, di mortificazione del corpo volta all'elevazione dello spirito, le punizioni corporali erano la norma. E di certo negli orfanotrofi l'atmosfera non era più leggera.

La scuola assorbe da questi modelli fondamentalmente premoderni i tratti carcerari, mortificanti, sacrificali e punitivi, ai quali si aggiunge la trasformazione sociale dovuta alle due rivoluzioni industriali. Esse introducono necessità nuove di accudimento dei bambini, ora che le famiglie si stanno urbanizzando e perdono l'abbraccio del clan patriarcale. La scuola contemporaneamente raccoglie le vecchie ispirazioni spiritualizzanti da convento/caserma e le unisce alle moderne esigenze di tenere i bambini da qualche parte, dando loro gli strumenti per diventare forza lavoro, operaia o impiegatizia che sia. Senza rinunciare alle modalità sacrificali-punitive, le si aggiungerà un modus operandi tipicamente industriale, fatto di parcellizzazione dei saperi, serialità, standardizzazione dei tempi e dei modi dell'apprendimento, ripetizione, ordine e ancoraggio a una postazione di lavoro fissa. È la scuola del positivismo e dell'industria. Che ci piaccia o no, la scuola istituzionale nasce a grandi linee da queste basi non proprio esaltanti, a cui in alcuni contesti – come quello italiano – si è aggiunto il carico del fascismo. Con questi tratti ha continuato a riproporre l'istruzione ai bambini, mentre dal secondo dopoguerra comincia la metamorfosi da bambino-cittadino titolare di un diritto a bambino-fruitore di un servizio, consumatore in erba da allevare per la floridezza della macchina capitalistica alla pratica quotidiana dell'ingozzamento di nozioni preconfezionate, della performance, della competizione per garantirsi il successo. Solo un'altra versione della promessa del premio (non più ultraterreno) al prezzo di grandi sacrifici. Al di là del grigiore in sé di un'etica educativa che ancora ci ammorba, la promessa, a giudicare dai dati sulle diseguaglianze, sull'emorragia di diritti e sulla perdita di garanzie sociali, non è comunque stata mantenuta e le nuove generazioni percepiscono tutto il disagio di essere costrette dentro un ingranaggio disumano che deruba di energie, tempo, vitalità e creatività al prezzo di una beffa colossale. I NEET lo stanno silenziosamente urlando, come lo spaventoso quadro di patologia mentale in cui versano bambini e ragazzi[51] (e non solo), espressione tragica di uno stato perdurante, dilagante e tangibile di infelicità.

Una scuola inchiodata a routine da istituzione totale, in cui il desiderio di vivere e quello di conoscere, che nel bambino piccolo coincidono nella mente assorbente, vengono mortificati violentemente da un clima emotivo angosciante e ansiogeno, dalla prigionia del corpo nel banco, nell'aula, nell'edificio – luoghi di segregazione brutale – dalla tirannia taylorista-fordista del programma e delle nozioncine ancora da ingurgitare e rigurgitare a comando, dall'umiliazione costante nascosta (nascosta?) nei voti e nella logica della performance svuotata di senso, dall'impedimento a contribuire attivamente alle regole della comunità... questa scuola in cui la dimensione carceraria non ha neppure come contraltare la qualità delle conoscenze, questo colosso i cui piedi d'argilla hanno già ceduto, che continua a generare attiva-

[51] Twenge, 2018; Unicef, 2021.

mente e minuziosamente malinconia e malattia, privando bambini e ragazzi della naturale gioia di apprendere, cioè di lanciarsi nella vita, merita di finire. E di lasciare spazio ad altro, che gli si attribuisca l'etichetta di scuola o un altro nome. In realtà, sta già finendo, sebbene in questa lunga penosissima agonia, continui a sterminare generazioni di umani inermi.

Nel 1948, Maria Montessori scriveva una pagina che riesce a fotografare (e per questo è agghiacciante) la scuola di 70 anni dopo, immutata:

> *L'educazione oggi è ricca di metodi, di scopi e finalità sociali, ma non di meno si può dire che essa non prende in considerazione la vita in sé stessa. Tra i molti metodi ufficiali d'educazione di paesi diversi, nessuno si propone di dare assistenza all'individuo fin dalla nascita e di proteggerne lo sviluppo. Oggi l'educazione, come è concepita, prescinde insieme dalla vita biologica e da quella sociale. Tutti coloro che entrano nel mondo dell'educazione vengono a essere isolati dalla società. Gli studenti sono tenuti a seguire le regole prestabilite dall'istituto di cui sono alunni e a uniformarsi ai programmi raccomandati dai ministeri della pubblica istruzione. Si può dire che anche nel più recente passato, le condizioni sociali e fisiche degli studenti non erano prese in considerazione come fatto che potesse minimamente interessare la scuola in sé. Così, se lo studente era denutrito, o se aveva difetti di vista o di udito che diminuivano le sue possibilità di apprendimento, esso veniva senz'altro classificato con votazioni inferiori. I difetti fisici furono presi in considerazione, in tempi successivi, ma soltanto dal punto di vista dell'igiene fisica, mentre nessuno considera, ancora oggi, che la mente dello studente può essere minacciata e soffrire danno da metodi educativi difettosi e inadatti. L'indirizzo della Nuova Educazione a cui Claparède si interessò, considera piuttosto la quantità delle discipline incluse nei programmi, mirando a ridurle per evitare la fatica mentale. Ma non tocca il problema del modo con cui gli allievi potrebbero arricchirsi di coltura senza affaticarsi. Nella maggior parte delle scuole ufficiali dirette dallo Stato, ciò che importa è che il programma sia svolto. Se lo spirito dei giovani universitari è colpito dalle deficienze sociali e dalle que-*

stioni politiche che agitano appassionanti verità, la parola d'ordine è che il giovane non si deve occupare di politica, ma che deve attendere agli studi sino a che non li abbia portati a termine. Accade così che il giovane, uscito dall'università, avrà un'intelligenza tanto limitata e sacrificata da non essere capace di individuare e valutare i problemi dell'epoca in cui vive. I meccanismi scolastici sono estranei alla vita sociale contemporanea così come questa sembra essere esclusa, con i suoi problemi, dal campo educativo. Il mondo dell'educazione è una specie di isola dove gli individui, avulsi dal mondo, si preparano alla vita rimanendone estranei. Può accadere, ad esempio, che uno studente universitario sia affetto da tubercolosi e ne muoia; non è cosa triste che l'università, la scuola dove egli vive lo ignori malato, mentre apparirà poi improvvisamente, con una rappresentanza ufficiale, al suo funerale? Vi sono individui estremamente nervosi, che quando entreranno nel mondo saranno inutili a sé stessi e causa di pene per la famiglia e gli amici. Tuttavia l'autorità scolastica non è tenuta a interessarsi a casi particolari di psicologia, e tale assenteismo ha una piena giustificazione nei regolamenti che assegnano alla scuola il compito di occuparsi soltanto di studi e di esami. Chi li supera riceverà un diploma o una laurea. Ecco, per i nostri tempi, il punto d'arrivo della scuola. Gli studiosi di problemi sociali rilevano che i licenziati da scuole e università non sono preparati per la vita, non soltanto, ma nella maggior parte dei casi sono persino diminuiti nelle loro possibilità. Le statistiche rivelano un impressionante aumento di pazzi, di criminali, di individui considerati "strani". I sociologi invocano dalle scuole un rimedio a tanto male; ma la scuola è un mondo a sé, un mondo chiuso ai problemi sociali; essa non è tenuta a considerarli e a conoscerli. È un'istituzione sociale di troppa antica tradizione perché i suoi regolamenti possano venir modificati per via d'ufficio; solo una forza che agisca dall'esterno potrà modificare e rinnovare e porre rimedio alle deficienze che accompagnano l'educazione in tutti i gradi, così come purtroppo accompagnano la vita di coloro che vanno a scuola.[52]

Se è impressionante constatare quanto poco sia cambiata la scuola nella sostanza e quanto sia finanche peggiora-

[52] Montessori, 1999a, pp. 8-9.

ta nelle modalità, può risultare sorprendente al lettore che ignora la finezza critica di Montessori e che troppo spesso la associa solo ai "materiali" montessoriani, la sua ultima frase: solo una forza che agisca dall'esterno potrà modificare la scuola.

Un cambiamento interno può ancorarsi a singole personalità, eroiche quanto frustrate e affaticate, che tentano di inserire gocce di umanità in un ingranaggio che non può dirsi umano e che non lo è né per i discenti né per i docenti. Ma questo genere di cambiamento, che pure può salvare i singoli dalla disperazione, dall'invisibilità, dallo sbiadire delle energie, è puntiforme e non riesce a fare massa critica. Non è organizzato e non intacca il sistema, che anzi ne esce paradossalmente rafforzato e può mantenere la faccia pulita, sia pure in minima parte.

Il problema del fallimento dei tentativi di rinnovamento della scuola sul medio e lungo termine, a fronte di esperienze spot che incidono per alcuni anni e non oltre, è a mio avviso il fatto che essi si inscrivono nel quadro della società capitalistica, evitando di metterla in discussione. Ma fino a quando la civiltà dello sfruttamento *ad libitum* dell'uomo sull'uomo e dell'uomo sulla natura non verrà dichiarata folle e autodistruttiva, come di fatto è, non sarà possibile rinnovare le istituzioni che essa ha partorito.

Fino a quando non sarà piena e profonda la coscienza che questa società e questa scuola sono intimamente violente nei modi, nelle relazioni, nelle strutture, nei contenuti, i cambiamenti possibili saranno decorativi, per quanto animati da autentici slanci e ammirevoli tentativi; le teorie più nobili, le scoperte scientifiche più utili, le energie più pure verranno ridirezionate quasi automaticamente verso l'unico grande scopo che inghiotte tutto: allevare *tanti bei soldatini obbedienti*, con o senza fucili, poiché "ciò che non si sprigiona da quanto vi è in noi di più vivo per farvi ritorno devia verso la morte, per la gloria più grande degli eserciti e delle tecnologie del profitto"[53].

Approfondire il nesso tra educazione e nonviolenza (come tra ecologia e nonviolenza, stili di vita e nonviolenza) non può non passare attraverso una critica radicale del capitalismo, altrimenti anche la proposta nonviolenta diventa ornamentale, insignificante e consolatoria. E comporta abbracciare nel grande alveo di nonuccisione-nonmenzogna-noncollaborazione tutti i contributi che hanno decostruito l'impianto violento dell'educazione e proposto alternative costruite sul profondo rispetto degli esseri umani all'inizio dell'esistenza[54], sulla valorizzazione delle loro energie vitali e creative[55] e sull'interrelazione cooperativa e sinergica tra tutti gli esseri venuti alla vita.

[53] Vaneigem, 2020, p. 58.
[54] Spitz, 1962; Winnicott, 1987; Bowlby, 1982; Klaus, Kennell, Klaus, 1998.
[55] Desidero aggiungere altri due nomi a quelli già citati, Steiner, 2010, Reich, 1987; 1994.

Approfondimento
Educare al piacere di usare le mani

La tradizione nonviolenta, come si è visto, ha riflettuto ampiamente su opzioni di vita alternative alla furia industriale-capitalistica, col suo portato di diseguaglianze e sfruttamento, attestandosi talvolta su posizioni finanche antimoderniste. I concetti gandhiani di *swaraj*, *swadeshi*, *aparigraha* e *sarvodaya* emergono dalla critica radicale all'economia occidentale che coincide con lo sfruttamento coloniale. Essa si fonda sulla sottrazione dell'autonomia economica (sempre anche culturale) che consente alle popolazioni locali la sussistenza e sull'appropriazione delle risorse e dei mezzi di produzione dei popoli colonizzati. Nell'India di Gandhi si trattava del sale, che la legge imposta dagli inglesi impediva addirittura di toccare con le mani. Passa alla storia la marcia del sale del 1930 e il gesto, immortalato dalla cinepresa, del leader nonviolento che immerge la mano nel mare e ne riemerge chiusa intorno a un pugno del preziosissimo alimento. Allo stesso modo, assume significato politico uno degli oggetti più rappresentativi del gandhismo, il telaio: Gandhi indossa l'abito tradizionale composto di un semplice telo bianco, che egli stesso tesse nella sua capanna nell'*ashram*. Dedica tempo quotidiano a quest'azione che unisce l'atteggiamento spirituale meditativo con l'azione costante di occuparsi da sé di un'attività produttiva che era il simbolo di millenni di cultura indiana, la creazione di tessuti noti in tutto il mondo per il loro pregio e la loro eleganza. Davanti al furto dell'industria e del commercio tessile, Gandhi risponde – in modo nonviolento – con l'azione concreta e collettiva, che diventa gesto politico.

Quel tipo di azione aveva anche un portato di critica all'intera civiltà occidentale industrializzata. A un'industria di piccola taglia, declinata sui bisogni locali e decentrata, Gandhi si esprime favorevolmente, ma resta critico sulla macchina industriale che fagocita il piccolo triturando le economie locali. Gandhi ha ben chiaro il quadro disumanizzante del capitalismo sempre più veloce che si sta sviluppando proprio in quel momento e vi oppone un'idea di economia e di stile di vita agli antipodi, anticipando istanze che diverranno molto più chiare nella seconda metà del XX secolo. Serge Latouche (sebbene con una operazione di etichettamento che non mi convince del tutto) ha parlato, per lui come di molti nomi della tradizione nonviolenta (Illich, Langer, Lanza del Vasto, Terzani, Thoreau, Tolstoj, ecc.), di "decrescita prima della decrescita"[56] a significare il carattere anticipatorio e fondativo di una riflessione che segna un sentiero più che mai vivo oggi.

A fronte di questa riflessione, cosa è stato dell'attività manuale nel contesto contemporaneo delle società occidentali? Essa ha perso progressivamente spazio e senso. Per quanto solo in parte sia stata sostituita dal lavoro non manuale, la meccanizzazione e poi la digitalizzazione del mondo, con la creazione dell'abitazione virtuale, "questa seconda casa, ibrida e interreale, iperpresente ed eterna, [che] archivia le vite digitali in continua espansione di ogni utente della Rete

[56] Latouche, 2016.

e registra una porzione significativa dell'esistenza individuale"[57], erodono l'area dell'azione che plasma con le mani gli oggetti allargando il solco, già ampio, tra attività intellettuale, nobile, alta, elevata, superiore (tutti termini che sottolineano qualcosa che sta "su") e attività pratico-manuale, vile, bassa, inferiore, anche perché associata in un pregiudizio duro a morire (ma con basi realistiche anche oggi) alla povertà, alla fatica, allo sfruttamento e all'esclusione sociale.

Per tanto tempo, e ancora oggi, i lavori svolti con le mani sono stati molto faticosi, specie quelli a mani "nude", senza attrezzi, senza mediatori tecnici, come il lavoro dei braccianti nei campi, di magazzino, le tante occupazioni di accudimento e di cura domestica delle donne o il lavoro schiavile dei bambini in molte società del sud-est asiatico o nelle miniere africane. In una società iniqua e classista come quella della modernità, resa più iniqua e più classista dal capitalismo neoliberista, i lavori manuali appartenevano ai poveri, ai ceti – anch'essi – inferiori, rispetto ai notabili dediti agli studi, all'*otium* letterario e artistico, alle professioni di notaio o di medico.

L'emancipazione dalla fatica e dalla povertà è passata attraverso l'avvento della tecnica e della tecnologia, senza riabilitare il lavoro e l'attività manuale, che sconta secoli di pregiudizio soprattutto nei luoghi in cui si apprende, si coltiva la mente. Come la scuola. Basti pensare al significato nascosto dietro l'espressione "usare le ma-

[57] Sisto, 2018, pp. 13-14.

ni"[58]: picchiare, offendere con la violenza fisica, fare male. Un'espressione ellittica, cioè mancante di un pezzo sottinteso (usare le mani "per danneggiare"), che ormai presa da sola assume tutta la negatività dell'aggressione.

Nell'ambito del dualismo alto-basso al quale si accennava sopra, peraltro, le scuole alte erano i licei, le scuole basse i professionali, i tecnici o le vecchie scuole di arti e mestieri, ormai chiuse da decenni. Chi non aveva i mezzi intellettuali ed economici (e le carenze quasi sempre si sovrapponevano) per accedere alle scuole alte, poteva alla meglio accontentarsi di quelle basse, attestando quel processo che Bourdieu e Passeron definirono di "riproduzione sociale e culturale"[59]. La stessa scuola di elettrotecnica era una scuola "bassa", di natura prettamente pratica, eppure sulla primigenia base tecnica ed elettrica si è poggiata proprio la rivoluzione del virtuale che confina oggi l'uso delle nostre mani in pochi click. Questo paradosso apparente svela una ulteriore sfumatura del discorso: era "bassa" la competenza di chi operava con e dentro gli strumenti tecnici, l'elettricista, chi riparava la tv, la radio o l'elettrodomestico rispetto a chi, pur non capendone nulla (come il laureato nella nobile filosofia) si sarebbe limitato a fruire dell'oggetto libero dalla preoccupazione di conoscerne l'alfabeto e di spendere il tempo dietro a qualsivoglia attività manuale sostituibile dall'oggetto stesso.

[58] Vale la pena specificare che dall'antichità, con Anassagora, alla modernità con Giordano Bruno, un filone di pensiero che crede fortemente nell'unificazione di manualità e pensiero ha sempre percorso le riflessioni della filosofia occidentale. Bisogna anche aggiungere che – si pensi alla vicenda di Bruno – non è stato il filone "vincente".

[59] Bourdieu, Passeron, 1972.

Si pensi alla lavatrice nel processo di emancipazione femminile dalle attività domestiche. Il riferimento alla storia delle donne è particolarmente interessante nella perdita dei saperi femminili della cura[60], una perdita iniziata con l'espropriazione delle arti ostetriche e taumaturgiche legate ai saperi del corpo e ai rimedi fitoterapici a partire dal Cinque-Seicento con la caccia alle streghe, ma che trova una paradossale apoteosi nella svolta degli anni Cinquanta e Sessanta del Novecento. I lavori manuali infatti erano parte integrante della costellazione della cura, ambito propriamente femminile[61]: cucire, tessere, lavorare a maglia e all'uncinetto, ricamare erano quotidiana occupazione delle donne, lavoro necessario e ordinario quando si trattava per esempio di vestiti o lenzuola, lavoro di pregio e finezza quando vi si aggiungeva l'abilità artigianale e artistica per gli indumenti delle grandi occasioni, del corredo in dote alla sposa, del corredino del nuovo nato.

Nel processo di emancipazione, parallelamente al cambiamento del mondo del lavoro in direzione industriale e impiegatizia (le due guerre mondiali mostrano con chiarezza che le donne rappresentano un enorme potenziale lavorativo anche fuori casa e ne prendono coscienza esse stesse), al progressivo sfondamento della parete divisoria tra le donne e l'alfabetizzazione di massa negli anni '60, accade qualcosa di molto rilevante. Dire che i saperi legati alla manualità si perdono sarebbe generico, perché non renderebbe la portata del processo. Quei

[60] Falcicchio, 2018a.
[61] Mortari, 2006.

saperi non solo si perdono perché la domanda cambia, la società si direziona verso un mercato commerciale che produce vestiti, tovagliati e ogni prodotto in serie, velocemente, senza più lo sforzo fisico necessario al processo artigianale, costruendo un alone di "perfezione" intorno al bene industriale che porta a disprezzare l'approssimazione, il difetto, l'imprecisione implicati nel lavoro senza macchine. Succede anche altro: parte della generazione cerniera delle nate negli anni '40 e inizio anni '50, anche in modi contraddittori e ambigui, vuole gettarsi alle spalle la combinazione oppressiva di povertà (aggravata dalla guerra), analfabetismo e isolamento dalla vita pubblica. Esse smettono di trasmettere alle figlie quel patrimonio di conoscenze, abilità e competenze che è simbolicamente associato a quel mondo arretrato e sessista.

Il risultato è noto: come per il ciabattino o l'arrotino, così per la sartoria domestica o la maglieria, queste competenze quasi scompaiono, trasformandosi in filiere di lusso. Per l'offerta estremamente scarsa, il prezzo di prodotti artigianali – dopo decenni di declino – lievita e diventa concepibile solo per i ricchi. Nel frattempo però, mentre si contrae moltissimo il numero di persone che padroneggiano quei saperi, non scompare la curiosità verso una certa area del "saper fare", ma con livelli di abilità molto più bassi. Anche tra chi si riavvicina ai lavori manuali per passione da coltivare nel tempo libero, difficilmente si riesce ad apprendere in modo completo e complesso la mole dei saperi raffinati che le donne della società "vernacolare" possedevano e traducevano in pratiche finissime.

Questa perdita è stata lo scotto da pagare affinché le donne si dedicassero ad altro, in ambiti fino ad allora preclusi e che erano legati in buona parte ai saperi astratti, allo studio, alla vita della mente e alla sfera pubblica. Questo, come ben sappiamo, non ha eliminato l'immensa mole di lavoro gratuito, domestico e di cura, che le donne continuano a svolgere[62]. In questo passaggio, comunque, non accade solo un fatto materiale ma anche un fatto simbolico: la manualità viene ulteriormente svalutata perché appartenente a quel passato di oppressione e le agenti di tale svalutazione sono le donne stesse.

Il distacco dal lavoro manuale è stato rapido e all'apparenza inesorabile, al punto che ne resta giustappunto una versione "degradata", anche quando, a uno sguardo di superficie, sembra si tratti di piaceri. Si pensi alle tante attività promosse per "svuotare la mente", dai corsi di maglieria meditativa al giardinaggio, ai libri da colorare per gli adulti. L'attività pratica, compreso lo sport, rappresenta una sorta di necessario bilanciamento – in tempi residuali e non di rado conquistati sgomitando nella programmazione giornaliera – rispetto alla sedentarietà di occupazioni lavorative impiegatizie o di concetto, una compensazione, quasi una terapia. Nella versione più snob assume la forma hobbistica.

In modo analogo, la scelta di chi vuole dedicare l'esistenza a una occupazione prettamente manuale, di solito di natura artigianale o artistica, viene assunta come scelta "alternativa", che corre sul binario parallelo di chi conduce esistenze percepite come strambe, dal sapore new

[62] Criado Perez, 2020.

age o hippy o proprie di un lusso eccentrico da milionari. Essi di fatto rappresentano l'eccezione a una società che toglie valore simbolico e di sussistenza a tutto quello che rientra nella produzione, riparazione, rigenerazione, trattamento del mondo tangibile, che si tocca col corpo, con le mani.

La scuola reitera e aggrava col suo impianto strutturale di contenuti disciplinari e col suo curriculum nascosto il solco tra mente e corpo che sta danneggiando le nuove generazioni. Tenere bambini e ragazzi inchiodati a postazioni rigide e immobilizzanti (il banco, il libro o il tablet, la didattica a distanza) che anticipano e addestrano alla postazione tipica dell'industria di matrice taylorista-fordista in un mondo in buona parte postindustriale è già di per sé una stranezza fuori tempo. Non solo: farlo senza contenuti manuali (quelli da operaio, per intenderci) ma con soli contenuti intellettuali (vagamente simili a quelli tipici del lavoro impiegatizio), sempre più svuotati di un contatto chiaro e riconoscibile con la vita reale, è una forma di dissociazione grave. La ragione è semplice: mentre si proclama la necessità di nutrire menti flessibili, bambini e ragazzi sono ancora irrigiditi nel banco; mentre si chiede (dall'industria stessa!) menti dinamiche, li si costringe nell'immobilità; mentre si proclama la bontà di menti aperte, le aule restano chiuse. Queste contraddizioni del sistema scolastico, che si fondano sull'assioma della scissione mente/corpo, sta producendo disagio mentale e sociale nelle nuove generazioni a ritmi forsennati[63], insieme all'impianto sociale nel suo complesso,

[63] Twenge, 2018.

di cui la scuola è espressione e rispetto al quale essa appare colpevolmente inconsapevole e complice.

Un esempio errato di recupero della manualità avviene in un caso facilmente riscontrabile. Ci si lamenta – a buon diritto – della perdita di competenze di scrittura da parte dei giovanissimi e dei bambini, abituati a usare precocemente smartphone e tablet, in cui il movimento è ridotto all'indice che scorre e ai pollici per l'eventuale scrittura in chat (oggi sempre più sostituita da messaggi vocali). Non impugnano bene le penne, scrivono in modo incomprensibile, sostituiscono il corsivo col più facile stampatello maiuscolo. È tutto vero ed è giusto che ci si ponga il problema di insegnare l'uso di penne, matite e colori. Tuttavia, bisognerebbe avere chiarezza circa i bisogni educativi (che sono sì universali, ma sempre da collocare nella situazione di quel bambino) e in base a questi optare per gli strumenti adeguati a soddisfarli.

Bambini e ragazzi hanno bisogno di usare e muovere il corpo come imprescindibile "luogo" di apprendimento e le mani sono potentissimi veicoli di sviluppo neurale. Per soddisfare questo bisogno di sviluppo e di crescita, è bene che le mani vengano usate, purché in modo significativo e vario. Scrivere con la penna deve avere senso, il che vuol dire elaborare testi creativi, inventare storie, appassionarsi e godere dell'uso dell'oggetto, che dona anche una gratificazione puramente sensoriale e sensuale nel suo utilizzo. Se imponiamo a bambini già lontani da questo oggetto di colorare per anni schede prestampate senza chiederci se lo detestano o si tediano (come accade anche fino alla fine della primaria) e senza farci più domande sulla possibilità che il disegno lo facciano loro e non Google; se li costringiamo ancora come nell'Ottocento a replicare sul quaderno infinite sequele di "letterine" per imparare l'alfabeto; se ancora alla secondaria di primo grado li obblighiamo a riportare sul quaderno i "comandi" (un lessico orripilante) degli esercizi o addirittura pagine di teoria lasciando i libri immacolati, il rischio, per non dire la certezza matematica, è che bambini e bambine matureranno un vero odio verso la scrittura: siamo noi che li abbiamo consegnati con i nostri errori educativi ai dispositivi telematici allontanandoli da quella modalità di accesso alla formazione che è la scrittura manuale e la lettura di libri cartacei. Essi hanno invece bisogno di innamorarsi dell'attività, di sentirsene gratificati intimamente, mentre la svolgono. E chi è innamorato, vuole toccare, e non in modo superficiale: toccare intimamente, in profondità, proprio come quando si fa l'amore.

Organizzare la quotidianità con questo principio consente di pensare creativamente alla scrittura non solo come attività intellettuale, ma come recupero della manualità in un'ottica che supera il dualismo per una sinergia di entrambi i versanti.

È chiaro che la scrittura non è l'unico modo per usare le mani nell'educazione e a scuola, in ogni ordine e grado, poiché dire *mano*, in realtà significa dire *corpo*, tutto intero, significa tirare in ballo i sensi, questi sconosciuti, questi ospiti indesiderati che ci sono e non possono non esserci anche nella scuola, ma che si fa finta di non conoscere se non per qualche attività specificamente strutturata sul tema (ma non è un tema! È l'equipaggiamento dell'identità, siamo noi).

Maria Montessori lo aveva dichiarato: "L'educazione della mano è particolarmente importante, perché la mano è lo strumento espressivo dell'umana intelligenza: essa è l'organo della mente"[64]. Una scuola che ha a cuore (a cuore, non solo a mente...) lo sviluppo armonico, integrale, complesso dei piccoli mantiene l'attenzione alla vivezza del corpo, affinché resti gioioso nell'apprendere qualsivoglia sapere. Le mani, in altri termini, sono il pretesto per tirare in ballo tutto il resto, i sensi, le percezioni, il movimento, il contatto. La gioia di essere al mondo.

Educare ai sensi non è un "esercizio", peggio ancora non è una simulazione, un "giocare a", un far finta di, una palestra. Tutte espressioni molto utilizzate in educazione e in pedagogia. Le locuzioni stesse "educazione alla sensorialità", "educazione sensoriale", "educazione ai/dei sensi" lasciano perplessi, perché da un lato svelano che l'ambito dei sensi non è educato (ed è davvero così, per omissione educativa), dall'altro costringono dentro una gabbia quello che dovrebbe essere l'intero lavoro educativo: vivere la vita.

Allora vale la pena continuare a riflettere sulla manualità/sensorialità e rimettere questa dimensione in un circolo virtuoso di pratiche felici, tenendo conto che il primissimo lavoro da fare è formativo e culturale. Esso passa dalla riconsiderazione della dignità pari di ogni attività corporea: non è possibile constatare ancora la presunzione di superiorità della filosofia o della letteratura italiana o del latino e greco rispetto

[64] Montessori, 1999b, p. 314.

all'educazione fisica; è inaccettabile, è ridicolo ed è profondamente offensivo.

Bisogna ridurre (superare appare ancora lontano) i dualismi che hanno indebolito, invece che rafforzare, l'azione della scuola: gioco e studio/lavoro, corpo e mente, attività pratica e attività intellettuale/culturale. Ogni volta che pensiamo a una attività, è bene che ci chiediamo se stiamo dando troppo spazio alla dimensione astratta e incorporea, ingigantendo la "testa" a scapito del resto. Se comprendiamo che nutrendo ogni dimensione in modo sistemico si sviluppa meglio anche la testa, ci verrà più facile integrare le dimensioni, invece che scorporarle (come, ahinoi, fa l'impianto disciplinare in misura sempre maggiore man mano che si sale di grado scolastico). Ci verrà più facile riabilitare il gioco come modalità eletta di apprendimento a tutte le età e nello stesso tempo conferire al gioco quel tratto di estrema "serietà" che possiede e che gli viene negato: giocare è una qualità gioiosa e leggiadra di accedere al mondo in tutta la sua complessità, non una parentesi per alleggerire il carico delle cose davvero serie (in realtà solo mortalmente noiose e pesanti perché private di allegria).

È necessario che nei contesti educativi siano valorizzati i sensi poiché la relazione diretta con l'oggetto materiale, da conoscere, maneggiare, costruire, riparare crea senso[65], in particolare quando viene chiamato in causa il contatto, che, se nel fluire naturale del quotidiano, non è isolabile dagli altri sensi né deve esserlo, detiene comunque caratteristiche particolarissime: saper toccare, saper accarezzare, saper abbrac-

[65] Le Breton, 2007.

ciare è una eredità dei tocchi, delle carezze, degli abbracci ricevuti dalla nascita in poi, nelle fasi precocissime di vita[66], e continuare a valorizzare nel tempo questa competenza offre l'immensa opportunità di percepire e interiorizzare come "tangibile" (ovvero toccabile) la realtà.

Il contatto permette di costruire dentro di sé la doppia consapevolezza, vitale per la salute psicofisica e relazionale, che il mondo esiste e che quindi "io esisto", sono reale, sono questo qui che sto toccando, che viene toccato ogni volta che tocca e viceversa: "Toccando le cose, riconosciamo che esistono. Il mondo – e dunque la presenza dell'altro – è in primo luogo una modalità tattile"[67]. Esso permette il radicamento, il senso del sé e quindi la possibilità della cura di sé. Inoltre bisogna considerare il potere delle mani di veicolare energia. Non si tratta di semplice "scarico energetico", come se il nostro corpo fosse un accumulatore di energia da svuotare periodicamente, magari per evitare scoppi improvvisi. Questo aspetto esiste e va tenuto in conto nella misura in cui prendiamo coscienza che è sbagliato arrivare al punto di accumulare energia da scaricare. Se questo accade (e ahinoi accade a tutti nella nostra società "ad alta compressione"), è perché nell'abituale scorrere dei giorni il nostro corpo è bloccato nella sua motricità e l'energia si ingorga. La bioenergetica[68] ha trattato ampiamente questo aspetto dandoci la possibilità di capire che i nostri corpi hanno un'essenza mobile, dinamica, sono luoghi di attraversamento in senso davvero esteso e l'entità che più ci

[66] Montagu, 2015.
[67] Le Breton, 2007, p. 180.
[68] Lowen, 2012.

attraversa è proprio l'energia. Ogni cellula, ogni componente biochimico che ci costituisce è in perenne movimento e comunicazione con l'intero ecosistema che siamo, nonché con l'ecosistema ambientale e il veicolo è l'energia elettrica. Niente di strano dunque, quando parliamo di energia: solo fisica e chimica identiche a quelle che si studiano a scuola (ma lette come ancora non si leggono a scuola, purtroppo). Se l'energia viene bloccata, per esempio dallo stare a lungo fermi, il sistema corpo-mente comincia a soffrire fino ad intossicarsi e ammalarsi. Usare il corpo, usare le mani significa usare nel modo giusto noi stessi sul piano energetico, restare in equilibrio e offrire canali di espressione dell'energia salutari al corpo e alla mente. L'iperdiffusione di strumenti elettrici ed elettronici nella quotidianità esternalizza l'uso di energia: deleghiamo alla corrente elettrica mutuata attaccando la spina nella presa l'uso delle mani, anche quando potremmo incanalare la nostra energia fisica in quella operazione. In queste piccole cose, demandare a fonti esterne ha un triplo svantaggio, spesso sottovalutato: il consumo di energia esterna – in molti casi non rinnovabile – con danni all'ambiente; il mancato utilizzo della nostra energia corporea, che resta a deposito invece che fluire; un dispendio di tempo finanche identico senza alcun guadagno su questo piano.

L'utilizzo dell'energia, che nei bambini sappiamo essere non ancora fiaccata dall'immobilità (alla quale li costringiamo noi!), si raccorda con un altro elemento imprescindibile sia nella salute psico-fisica sia nell'apprendimento, sebbene ancora misconosciuto da una cultura educativa seriosa e fondata sull'etica sacrificale del lavoro:

il piacere. Sì, il piacere, il godimento, la sensualità, la carnalità nell'uso delle mani e del corpo. Il piacere dovrebbe essere la tonalità cromatica di ogni luogo dove si impara, non perché nella vita non esistano anche dolore e sofferenza, ma perché non siamo nati per soffrire e non c'è alcun bisogno di allestire appositamente setting destinati alla sofferenza. Anzi, dare valore al piacere significa ridare valore anche alle zone d'ombra dell'esistenza (il lutto, la perdita, il dolore, la malattia, la morte) che, non a caso, sono altrettanto tabuizzati. Pare che nella quotidianità scolastica la cifra prevalente debba essere il lavoro tendenzialmente neutro sul piano emotivo, finalizzato ad obiettivi, uguale per tutti, omogeneo e standardizzato, individuale e competitivo: la dimensione giusta per la società capitalistica neoliberistica di inizio millennio. Tutto questo però è lontano anni luce da quel benessere che si decanta nei proclami, è la sua esatta negazione e ha effetti non solo in termini di felicità delle persone (allievi e insegnanti), non solo sulla loro salute, ma anche in banali termini di risultato. Che i risultati dei bambini/ragazzi italiani siano tra i più bassi d'Europa nei rapporti internazionali non è un caso, se si comincia a guardare al come è costruito il setting educativo e quanto è lontano dai bisogni di chi è nella relazione educativa.

È sempre Maria Montessori che ricorda, a proposito dello sviluppo della scrittura, che "il bambino cioè prova, in ogni sforzo motore, la gioiosa soddisfazione di rispondere a un bisogno della vita"[69]. Un bambino a cui non venga impedito l'accesso, ma che anzi vive in un am-

[69] Montessori, 1999b, p. 226.

biente stimolante rispetto al bisogno di *toccare tutte le cose intorno* per stabilire un contatto è un bambino il cui sistema di sviluppo complessivo (sistema neurale in testa) sta costruendo coordinazioni, armonie. Sta crescendo bene, poiché "è certo che le cose acquisite nel periodo di assorbimento sono quelle che rimangono fisse non nella memoria, ma nell'organismo vivente, poiché diventano la guida per la formazione della mente, per il carattere dell'individuo. Quindi, se un aiuto educativo può essere dato a tale età, questo deve avvenire attraverso l'ambiente"[70]. La base educativa migliore resta la fiducia nei bambini e nella loro "competenza di crescita": su questa fiducia, sintetizzata dalla Montessori nel motto "Segui il bambino, lui sa", gli adulti possono costruire occasioni, offrire opportunità, arricchire esperienze.

Un aspetto trascurato nella creazione manuale, artigianale o artistica, è la qualità unica del rapporto che si instaura tra chi manipola l'oggetto, lo immagina, lo progetta, lo realizza, lo decora e l'oggetto stesso. Si tratta di un rapporto affettivo potente, come ben sa chi pratica l'arte da vicino: quell'oggetto racchiude desiderio, amore, passione, è una parte di sé e per questo ha un valore inestimabile. L'aspetto affettivo, abitualmente bistrattato a scuola in modo pervasivo, è anche veicolo di apprendimento cognitivo potente, non solo di identificazione e appartenenza: i bambini e le bambine impareranno come si costruisce un oggetto, lo conosceranno "dal di dentro", ne sapranno i segreti, la loro sarà una forte intelligenza della cosa. Anche in

[70] *Ivi*, p. 359.

virtù di questo legame, quell'oggetto sarà destinato a una vita duratura, costruendo nelle nuove generazioni una consapevolezza determinante oggi, in un momento in cui l'usa e getta praticato per decenni ci sta sommergendo di rifiuti e in cui l'obsolescenza programmata dei prodotti industriali ci assuefà a considerare inesorabilmente breve il ciclo di vita delle cose. Del resto, il capitalismo dell'accumulo infinito si fonda sul distacco affettivo dalle cose, sulla loro sostituibilità con versioni più aggiornate, sull'incapacità di capirne il meccanismo interno e di costruirle da sé. Per pensare ad un'alternativa nelle attività didattiche, c'è bisogno che la generazione di chi educa possegga consapevolezza dei processi consumistici, una consapevolezza ecologica in senso molto ampio. Di certo è intuitivo che ha più senso dare vita a oggetti non solo simbolici o da tenere esposti su una mensola. È il problema dei cosiddetti "lavoretti" (da notare il vezzeggiativo che nasconde il diminutivo-dispregiativo), che spesso – ed è pura follia – vengono realizzati in serie dalle maestre al posto dei bambini, ma che anche quando sono realizzati dai bambini, scontano inevitabili difetti sul piano educativo:

- raramente si progetta l'attività con i bambini e li si coinvolge nell'ideazione e nell'accompagnamento del processo fase per fase;
- quasi nessun oggetto è più che decorativo.

Partiamo dal secondo punto. Senza demonizzare il decorativo, il soprammobile, il "puramente espressivo", che anzi ha un suo valore eccedente l'utilità, pensiamo anche all'uso reale dell'oggetto e al destino che gli prepariamo. Nella migliore ipotesi, dopo un certo tempo (mesi, anni?) sulla mensola, in bella vista per ricordare la tenerezza del dono per una festa della mamma, un Natale, una Pasqua, finirà nel cassetto dei ricordi e prima o poi, ci piaccia o no, diventerà pattumiera. Nella peggiore ipotesi, si salterà qualche passaggio e al primo repulisti casalingo, via tutto. Noi che progettiamo l'azione educativa, dobbiamo essere consapevoli che stiamo producendo rifiuti (peraltro indifferenziati, nemmeno riciclabili). E dobbiamo chiederci se un oggetto meramente simbolico, che diventa 5, 10, 15 oggetti in anni e anni di scuola, crea senso o se sarebbe più opportuno creare oggetti che diventano parte integrante della quotidianità di chi li avrà in casa. Anche per un bambino, come per un adulto, fare e saper fare un oggetto utile, che non starà congelato in una teca, ma vivrà la vita con noi, dà senso all'azione, radica nell'esistenza, permette di dire: sono soddisfatto, questo oggetto camminerà con me giorno per giorno. È tutto un altro modo di pensare alle attività, dove ludico non significa fuori dalla vita reale, dove creativo non coincide con decorativo, dove manuale non significa fare esercizio o finzione, ma fabbricare cose vere, reali. Con esse si crea un particolare legame affettivo, diventano parte di sé.

Un oggetto che nasce per esistere e avere senso però necessita di un'adesione personale, deve nascere dal desiderio: chi insegna ed educa dovrebbe percepirsi come professionista del desiderio, capace di tenere accesa la fiamma che i bambini già portano con sé e che troppe volte proprio gli adulti tendono a spegnere. Uno dei modi più alti per ravvivare questo fuoco è rendere i bambini il più possibile partecipi del progetto e del processo educativo: non meri destinatari di scelte già fatte in sede adulta, ma attivi costruttori del loro quotidiano. Le ore a scuola sono ore preziose della loro vita in fiore (e ore della nostra vita ed è bene che abbiano senso anche per noi, insieme a loro) e allora vale la pena coinvolgerli nell'ideazione, nella progettazione e in ogni fase realizzativa dell'oggetto (diciamo pure: di ogni azione educativa). Dando loro la massima libertà possibile di scegliere (forme, colori, materiali, ecc.) perché possano impossessarsene. Limitiamo il rischio di produrre scarti, sia sul piano materiale-ecologico che sul piano educativo-esistenziale, cioè esperienze che finiscono nella discarica della vita per lo scarso valore che hanno.

Questo crea e nutre l'entusiasmo, democratizza l'insegnamento, avvia dinamiche comunitarie profonde. Attivare la comunità infantile intera disinnesca dinamiche competitive e quel legame che si crea intorno all'oggetto funziona perché a supportarlo c'è il legame tra tutti.

Il lavoro manuale, proprio come per Gandhi, è un atto di resistenza, che rivaluta il tempo e la comunità (e il tempo nella comunità). Mentre il capitalismo neoliberista di inizio millennio preme per industrializzare ogni aspetto dell'esistenza, mentre la virtualizzazione della vita si impone come contesto parallelo che non si può credere residuale, rivalutare il lavoro manuale si attesta come azione di resistenza e opposizione nonviolenta. I processi di accelerazione sociale infatti si legano alle spinte fortemente individualistiche e narcisistiche che ci vogliono isolati, chiusi nella e compiaciuti della nostra immagine, costantemente sotto lo scacco del tempo che ci rincorre, impedendoci di riflettere adeguatamente sui processi sociali in atto e di avere cura. Studiosi già citati come H. Rosa e J. Crary hanno evidenziato come lo sviluppo tecnologico, che avrebbe dovuto liberare tempo, lo ha invece compresso attraverso miriadi di incombenze, col risultato che siamo tutti più poveri di tempo, impauriti di restare indietro. Restituirsi il tempo, il bene di lusso per eccellenza, e donare la possibilità di un tempo rilassato e decelerato significa fare un immenso regalo alle nuove generazioni.

Il tempo della manualità restituisce tempo di vita sul piano esistenziale, perché quel tempo è pieno di significato e valore in virtù del suo andamento, della sua ritmica interna, ancor prima che dell'eventuale attività con cui venisse riempito (tanto è vero che il silenzio montessoriano, ma anche la meditazione e il non far nulla hanno profondissimo valore educativo); sul piano del benessere individuale, perché permette appunto di "respirare", in senso fisico e simbolico, respirare profondamente mentre i ritmi abituali impongono il respiro corto e ansiogeno di chi è braccato e deve scegliere ogni momento se attaccare o fuggire; sul piano della condivisione comunitaria, perché spessissimo (e certamente a scuola) il lavoro manuale è lavoro condiviso. Finanche il silenzioso falegname di Nazareth, il san Giuseppe cristiano, riceveva visite in bottega e don Tonino Bello su questo ha costruito quel mirabile testo che è *La carezza di Dio*[71]; le donne che ricamavano spesso erano in cerchio a conversare.

[71] Bello, 1997.

Quel tempo cioè era tipico della società vernacolare, che oggi potremmo chiamare, sulla scorta di Ivan Illich[72] e con ispirazione diversa anche di don Tonino, conviviale, in cui dare corpo a un oggetto che sarebbe durato una vita (il mobile come il lenzuolo) era unito alla tessitura delle relazioni di prossimità, di vicinato, di solidarietà. Oggi, lungi da idealizzazioni nostalgiche, sentiamo intimamente la mancanza di quella gestualità lenta e significativa, in una società atomizzata fatta di solitudini parallele che non si incontrano nemmeno quando condividono lo stesso spazio o peggio relegate dietro gli schermi.

Il tempo di cui abbiamo bisogno non è un tempo a tutti i costi lento, quanto un tempo decelerato rispetto al treno in corsa che ci preme addosso, il tempo "giusto", adeguato al ritmo interno che, se ascoltato, rivela senza fatica a quale velocità vuole andare. Gianfranco Zavalloni con il suo *La pedagogia della lumaca*[73] o Sandra Dema con *Elogio del tempo perso*[74] offrono molti suggerimenti anche pratici per concretizzare il bisogno comune ad adulti e piccini di prendere fiato e ridarsi quella prospettiva lunga che dovrebbe sempre mantenere davanti a sé l'educazione, mentre si comincia a parlare di educazione e didattica lenta[75]. Nella lentezza infatti si dipanano significati che la mente non ha modo di focalizzare se c'è bisogno di correre o se ci si divide in mille micro-operazioni rapide e frammentate. La lentezza crea lo spazio per andare in profondità, negli strati sottostanti, là dove si possono udire

[72] Illich, 2014.
[73] Zavalloni, 2009.
[74] Dema, 2013.
[75] Gola, 2021.

suoni più lievi coperti dal frastuono del fare di superficie, si lasciano vedere sfumature sottili, si aprono i mondi dell'interiorità. E se uniamo lentezza e profondità, il tocco sul mondo sarà più gentile, meno aggressivo perché meno frettoloso, poiché i tempi di reazione, le clessidre, i *countdown*, le scadenze non sono più importanti dello sguardo amorevole che ci si può scambiare con se stessi, gli altri e il mondo.

Possiamo dire che la manualità vissuta così, e con altri significati che la arricchiscono ulteriormente (ad esempio, il cromatismo interculturale o attivamente ecologico), rappresenta una linea di riscrittura della contemporaneità nel segno della resistenza alle spinte deumanizzanti. Rappresenta cioè una breccia attraverso cui avviare quella rivoluzione nonviolenta che può consentirci di rimanere umani e disegnare futuro, per tutti.

Verso un domani sperabile. Linee di sviluppo dell'educazione alla luce della nonviolenza

Le possibilità di sviluppo della pedagogia e dell'educazione alla luce della nonviolenza sono moltissime e riguardano ogni aspetto dell'esistenza sulla terra. La nonviolenza rappresenta una tradizione ricca di contenuti che andrebbero conosciuti, studiati, approfonditi e resi accessibili. Essa è inoltre una qualificazione dell'agire – anche intellettuale – che conferisce cromatismi, imprime ritmi, aggiunge note al cammino umano, illuminandolo con la volontà, che sappiamo essere sempre perfettibile, di non distruggere, di non annientare, ma anzi di desiderare e operare per la fioritura della *realtà liberata*.

Possiamo a grandi linee pensare a 4 direzioni, tutte fondamentalmente unite, qui distinte per semplificare e ordinare.

L'educazione nonviolenta ci porta a riflettere su come educhiamo, su quanto è violenta l'educazione sia sul piano relazionale, sia sul piano dei contenuti e delle routine. Un'educazione che sposi l'ideale e le pratiche nonviolente si interroga innanzitutto su se stessa, medita sulle pratiche che potrebbero nascondere dietro l'abitudine forme di oppressione, di abuso di potere, di costrizione. Vuole decostruirle per offrire modalità relazionali e comunicative rispettose, accoglienti e valorizzanti, con un'attenzione sempre viva a non nuocere, a non distruggere, a non uccidere il germe della novità assoluta rappresentato dai bambini. Essa, dunque, necessita di un pensiero pedagogico e di una formazione adeguata, dato che – si è visto con A. Miller – chi è nella relazione educativa è spesso inconsapevole degli automatismi sedimentati nelle proprie memorie corporee, ovvero ereditati dall'educazione ricevuta. I processi di rimozione dei propri traumi relazionali occultano alla coscienza modalità d'azione che emergono solo quando vengono attivate in situazione. In quel momento è difficile rendersi conto che i propri atti prendono forma dall'eredità nascosta nel nostro inconscio e sono in contraddizione con le più nobili teorie studiate e sposate su un piano razionale-intellettuale. Per poter decostruire la propria violenza educativa e saper discernere la violenza nei contesti, è necessario un lavoro profondo e permanente di osservazione, che tuttavia non è, nemmeno questo, soltanto intellettuale. È un lavoro emotivamente impegnativo, perché richiede l'incontro con il bambino che abita in ciascun adulto, un incontro non distratto né superficiale, ma intimo e soprattutto compassionevole.

La compassione è uno dei valori più alti della tradizione nonviolenta. Chandra Livia Candiani, riportandoci al sanscrito *Karuṇā*, definisce la compassione come "il trasalimento del cuore alla vista della sofferenza"[76]: imparare ad abbracciare il bambino e la bambina che siamo stati, dismettendo i panni giudicanti costruiti sull'identificazione degli adulti che ci hanno maltrattato – di solito senza volerlo e senza accorgersene, in una catena di automatismi che risale all'indietro tra le generazioni – è un'operazione imprescindibile per la crescita come umani e come soggetti educanti, perché consente innanzitutto di vedere finalmente quel bambino ricacciato in fondo alla coscienza e poi di dargli voce. Questo a sua volta necessita della coltivazione di una capacità importantissima: la tolleranza al dolore, il saperlo accogliere ed ascoltare, cosa che è anch'essa dolorosa perché comporta di smontare gli "idoli" della nostra

[76] Candiani, 2021, p. 45.

infanzia, a cominciare dai nostri genitori (e le figure analoghe), aprire il lucchetto che teneva trattenuta la rabbia, la collera, il senso di abbandono, il lutto del bambino inerme che allora non poteva permettersi di distruggere nella propria psiche la centralità del genitore e delle figure da cui dipendeva, e che è rimasto in silenzio a patire o ha rivolto ad altri la violenza subita. Ecco, chi voglia intraprendere il mestiere dell'educazione non può lasciare quel bambino o quella bambina abbandonati a languire o a infuriarsi (sebbene questo sia quanto accade più di frequente agli adulti, anche nei contesti educativi), perché il prezzo pagato diventa gabella da far pagare a chi viene dopo, in una catena infernale che va interrotta. E che può essere interrotta, non ce lo dice la psicoanalisi questa volta, ma l'epigenetica. Solo con un lavoro di questo tipo, che l'istituzione si guarda bene dal predisporre nella formazione di educatori e insegnanti (e in ogni professione di aiuto), si può davvero lavorare su quanto è violento l'abituale modo di comunicare, di relazionarsi in tutti i contesti, il modo di lavorare e di (non) fare squadra. Di vivere insieme agli altri.

Di quella violenza, di cui possiamo vederci vittime da piccoli, diventiamo complici crescendo inerti e passivi, e anche di questo occorre divenire consapevoli, spazzando via gli ultimi strati di polvere sulle illusioni idealizzanti. La nonviolenza insegna che nessuno è esente dal rischio di compiere atti violenti, per cui chi voglia incamminarsi deve coltivare la consapevolezza della propria capacità distruttiva, attiva e passiva: "conoscere la propria capacità di nuocere e addestrarsi a non esercitarla può far accedere alla bontà fondamentale, o intelligenza del cuore"[77]. È un impegno faticoso, umile, modesto, ma tenace e perseverante, che, mentre si sviluppa, consente di illuminare con fasci di luce nuova le zone della realtà di cui prima ci accontentavamo ottusi e che man mano diventano scomode, chiedono di essere liberate e rigenerate.

[77] *Ibidem.*

Partire da sé e dall'intimo contatto con la propria biografia si integra con la possibilità di utilizzare le lenti culturali che il pensiero e gli studi nonviolenti hanno prodotto. Per riconoscere la violenza e trasformarla, ad esempio, la quadripartizione di Johan Galtung[78] in violenza fisica, psichica, strutturale e culturale offre uno schema preziosissimo di lettura. Sebbene la nostra civiltà abbia fatto enormi passi in avanti negli ultimi decenni in merito alla delegittimazione della violenza, siamo ancora lontani dal riconoscere le sue molteplici camaleontiche forme e soprattutto dal costruire una cultura comune che non la rigetti solo a parole. Un implicito diffuso è che una certa dose di violenza sia necessaria, che distruggere in tutto o in parte l'integrità fisica e psichica di un altro essere faccia parte, almeno in taluni casi, di un "male necessario". Si pensi a quanto la pena capitale sia ancora sostenuta in molti stati del mondo o a come la tortura sia stata rilegittimata dopo l'11 settembre dai piani per la sicurezza e l'antiterrorismo. Si pensi al concetto di "danno collaterale" nelle guerre "di pace". Si pensi alla normalizzazione delle morti nelle zone di migrazione come il Mediterraneo e della detenzione nei campi alle porte d'Europa. Si pensi alla macellazione di un animale nonumano per mangiarlo. Ma si pensi anche al ceffone al bambino dopo una marachella che "dopotutto, non ha mai ucciso nessuno".

Esistono ancora amplissime zone d'ombra nella nostra cultura rispetto alla violenza fisica, che pure è la più riconoscibile. Esse si moltiplicano quando si parla di violenza psichica, che è intangibile e si può negare con relativa facilità. Ancor più se entriamo nel ginepraio della violenza strutturale, ovvero nelle forme di distruttività nascoste nelle norme, nelle routine, nelle strutturazioni formali, dove "si è sempre fatto così", dove "il regolamento lo stabilisce", dove "il protocollo non ammette eccezioni": dove, insomma, l'elemento

[78] Galtung, 2014.

apparentemente impersonale stende uno spesso strato di invisibilità e abitudine. Nelle istituzioni come la scuola, questo tipo di violenza è percepita poco e con fatica, come poco è percepita la violenza culturale, ovvero l'insieme delle costruzioni culturali che tendono a legittimare, in modo esplicito o implicito, la violenza come ovvia, normale, culturale, finanche desiderabile. Tutti i fascismi ne hanno fatto un vessillo, ma basta analizzare un manuale di storia per rendersi conto che l'assunto silenzioso è che la storia è storia di guerre, storia di ricchi e potenti e di lotte per il potere, come se negli intervalli tra le carneficine la storia non proceda, non accada nulla, non avvengano fatti che portano il destino umano e del pianeta verso direzioni di evoluzione. La tradizione nonviolenta, come ha saputo analizzare G. Pontara, sostiene invece "una filosofia della storia secondo cui le grandi conquiste umane sono state realizzate nonostante l'uso della violenza armata, più che non grazie all'impiego di essa"[79], ma per poter alimentare questo tipo di prospettiva abbiamo bisogno di scorgere la violenza culturale nascosta dentro un libro. Dobbiamo indossare lenti nuove.

L'educazione alla nonviolenza, ovvero all'azione nonviolenta: un aspetto chiave è la formazione alla nonviolenza, che richiama ambiti molto interessanti e trascurati anche nel mondo dell'attivismo, ovvero le tecniche. La nonviolenza non è solo un ideale, non è solo una persuasione, ma chiede anche di conoscere e imparare modi di agire, individuali e collettivi, volti al cambiamento. Esiste una tradizione molto ricca anche da questo punto di vista, messa a punto da Gandhi e perfezionata dagli attivisti afroamericani intorno alla figura di M. L. King, poi confluita in estesi campi di ricerca e sperimentazione riguardo alla gestione dei conflitti, sia a livello interpersonale, sia a livello intergruppi, fino a giungere alle controversie internazionali. Tutti gli uomini

[79] Pontara, 2006b, p. 604.

e le donne della nonviolenza hanno agito non casualmente o sulla spinta di un impulso, ma dopo un addestramento e una concertazione di obiettivi. Esiste un aspetto pragmatico, strategico e tattico, dell'azione nonviolenta, che richiede formazione e disciplina rigorosissima. Ne dà contezza ampiamente nei suoi volumi Gene Sharp[80], raccogliendo e sistemando le tecniche di tutta la tradizione di opposizione e dissenso e restituendole in forma nonviolenta con lo studio più scientifico nel campo. In Italia le aveva portate proprio Capitini[81]. Recentissimo è il volume scritto dal formatore americano per antonomasia, J. Lawson[82], che progetta e organizza minuziosamente l'addestramento di migliaia di giovani per le campagne antisegregazioniste.

Esiste un livello di apprendimento della nonviolenza attiva, inoltre, che si intreccia con la quotidianità ed è vicinissimo a chiunque voglia trovare un punto da cui cominciare. È la comunicazione nonviolenta, interessante e utile a rendere più calda ed empatica ogni nostra relazione. Abbiamo elaborato conoscenze ampie: la comunicazione nonviolenta di Marshall Rosenberg; il sistema Maggiore-minore di Pat Patfoort; la comunicazione ecologica di Jerome Liss; le curve del conflitto e i modi dell'auto-aiuto nelle organizzazioni di Friedrich Glasl; il metodo Trascend per la gestione di conflitti di Johan Galtung[83]. Con questi strumenti (e tanti altri, tutti da scoprire man mano che si approfondisce) si può praticare un vero e proprio allenamento alla nonviolenza attiva a cominciare dalle relazioni prossime, feriali, quelle a partire dalle quali si può seminare il cambiamento nell'immediato.

L'educazione con la nonviolenza, attraverso la sua storia: la tradizione nonviolenta offre moltissimi contenuti inte-

[80] Sharp 1985; 1987; 1997.
[81] Capitini, 1967b.
[82] Lawson jr., Honey, Wong, 2022.
[83] Rosenberg, 1998; Patfoort, 2012; Liss, 2016; Galtung, 2014; Glasl, 2019.

ressanti, in grossa parte assenti nei libri di testo. Essa ha innanzitutto una storia affascinante che è interessantissimo esplorare, personalità ed eventi storici che accendono la curiosità di bambini e ragazzi, ma che non compaiono affatto a scuola. Di Tolstoj, ad esempio, si studia solo la letteratura, ma si ignora del tutto la svolta esistenziale che lo portò a farsi educatore popolare, a fondare scuole e diventare uno dei padri della nonviolenza. Pochi sanno che Gandhi e Tolstoj ebbero una corrispondenza o che Gandhi passò per Italia nel 1931 prima di imbarcarsi a Brindisi e tornare in India[84]. Non si conosce quasi per nulla la figura di Aldo Capitini, sebbene tutti abbiano almeno sentito parlare una volta della *Marcia per la pace e la fratellanza dei popoli*, la Perugia-Assisi. Né si ha contezza di come vennero condotte le campagne per i diritti degli afroamericani negli anni '60. Introdurre questi contenuti nello studio dei giovani significa offrire loro un'altra storia, fatta non di guerre e stragi, ma di lotte di liberazione e riconoscimento di diritti, di ideali che non sono restati nell'immaginazione, ma si sono tradotti in azione storica efficace.

C'è un implicito didattico e culturale che Anna Bravo ha saputo evidenziare con efficacia che quando c'è guerra, c'è storia; quando c'è pace, sembra di no: "Eleggere le guerre a spartiacque è un'operazione verosimile; lo sono ancora. Ma mutila la storia. [...] Sarebbe stato altrettanto importante descrivere come avviene che un conflitto *non* deflagri o che resti limitato"[85].

Sia in tempo di pace sia durante i conflitti, c'è chi "trama la pace", lavora minutamente per evitare le morti, ridurle, sventarle. A volte si tratta dei grandi leader come quelli che consacrano alla modernità la nonviolenza, come Gandhi e M. L. King, a volte attivisti e attiviste insieme a loro in ampie compagini, a volte persone che non si riferiscono a una tra-

[84] Bori, Sofri, 1985; Sofri, 1988.
[85] Bravo, 2013.

dizione e agiscono per iniziative sparse, ordinarie, anonime. Anche se non è facile ricostruire la storia della nonviolenza e del sangue risparmiato, proprio perché di tante azioni poco spettacolari non abbiamo notizia, tuttavia ne esistono moltissime che hanno bisogno di trovare cittadinanza nella cultura diffusa e nella formazione dei giovani. Una delle ragioni pragmatiche per cui è necessario è che, alla prova della ricerca, le azioni di resistenza civile appaiono efficaci. Onorare il vero significherebbe dare loro il giusto spazio.

Ma la ragione più rilevante è che le nuove generazioni ne hanno diritto. Per rispetto alla loro vita tenera di germogli, abbiamo il dovere di coltivare nei ragazzi la speranza concreta di un mondo diverso, una speranza che esce dall'utopico e si poggia su un terreno che non è affatto sterile: qualcuno ha cominciato a costruire, lasciando a chi arriva il conforto di non dover prendere interamente sulle spalle l'immane peso di un mondo devastato. C'è chi ha iniziato e realizzato: sentirsi eredi di quelle realizzazioni ha una forza propulsiva che non dovrebbe essere negata alle giovani generazioni.

L'educazione per la nonviolenza: tutti e tre i punti precedenti confluiscono in una visione educativa rivolta alla costruzione condivisa di un futuro di liberazione per tutti, quello che Capitini chiama *il punto di arrivo comune*. Educare per la nonviolenza significa mantenere viva la tensione verso quel punto, agire individualmente e collettivamente affinché, pezzo dopo pezzo, a cominciare da adesso, una società nonviolenta possa realizzarsi nel concreto, non solo nel pensiero di alcuni visionari e visionarie. Si radica qui l'intento trasformativo che può cominciare in ogni momento e in ogni luogo, dalla persuasione di una singola persona o di un gruppo con il fine di "contagiare", dilagare, estendersi non come un vangelo o una ortodossia, ma come un percorso umano, sempre in costruzione ed evoluzione, creativamente aperto all'apporto di tutti, umani e non, inventivo e che può farci vivere tutti, più felicemente, insieme.

Si tratta di costruire una cultura diffusa della non-distruttività, di dare un nome alle azioni costruttive perché le parole della nonviolenza diventino lessico abituale, anima, fermento. Si tratta di rintracciare nei campi del sapere e della conoscenza, del pensiero e della storia questa lingua comune, questa *koiné* umana troppe volte sommersa dal frastuono della violenza. Questo *canto corale*.

C'è un'armonia con l'anima nonviolenta del mondo (mi si consenta questa variazione sul tema di Hillman) nei tanti saperi citati fino a qui. C'è nel mirabile accordo simbiotico che unisce la vita dei microrganismi garantendo la salute del suolo che genera i frutti e dei suoi abitanti. Senza il proliferare dei batteri nel e sul nostro corpo, senza una relazione di pace tra noi e loro, la nostra salute è in pericolo. Abbiamo costruito la rappresentazione della salute non solo come assenza di malattia, ma anche come prodotto di una guerra in cui noi, gli umani, combattiamo contro invasori, i temibili batteri e virus che assaltano le nostre frontiere, valicano i confini e portano distruzione come orde barbariche (anche sulle orde barbariche ci sarebbe da correggere il tiro...). Questi loschi figuri unicellulari, capaci di infiltrarsi nelle nostre cellule, nel nostro codice genetico, sono stati raffigurati come ceffi da galera dediti ai peggiori vizi (si pensi alla celebre serie di cartoni animati *Siamo fatti così* di Albert Barillé), perditempo con la barba incolta buttati su di una panchina a fumare e bere, verdastri in volto e con le occhiaie. Davanti a loro arrivano puntuali, puliti e ordinati i globuli bianchi, pattuglie dotate di volante e tanto di manganello e inizia il tafferuglio! Una visione che rivela una precisa rappresentazione sociale e come pensiamo ai processi biologici che si compiono quotidianamente nei nostri corpi. Chi ha un cancro, chi nasce prematuro, chi prende il covid diventa subito un guerriero e se vince, vuol dire che ha saputo lottare, che non si è arreso, che ha sfoderato l'arma della volontà (se non vince, quindi, è un perdente...). La mistificazione bellica è onnipresente e riesce a forgiare l'immaginario dei processi naturali fino a distorcerli, falsificandoli e, ancor peggio, contribuendo a costruire una cultura bellica che si traduce in azioni. Analogamente alla bomba sganciata sul nemico, continuiamo a sganciare anti-biotici devastando il paesaggio microbiologico che ci tiene in vita, mentre si afferma finalmente una serie di scoperte che parlano un linguaggio di pace. Il microbiota è l'immensa e variegata popolazione di esseri invisibili che ci abita da prima della nascita (è ormai sfatato il mito della sterilità completa dell'ambiente uterino) e che colonizza il nostro corpo assolvendo funzioni vitali per noi. L'*escherichia coli*, ad esempio, il tanto vituperato batterio fecale (solo sentirlo nominare genera ribrezzo) è indispensabile alla sintesi delle vitamine del gruppo B. Migliaia di specie batteriche popolano tutti i nostri tessuti, in numero di gran lunga superiore alle nostre cellule, fino a costituire un peso misurabile (per una persona adulta di circa 65-70 kg) di ben 2 kg.

Essi lavorano instancabilmente per garantirci la sopravvivenza, ospitati da noi ma capaci di vivere senza di noi, che invece senza di loro (del tutto sterilizzati) moriremmo. Non più considerabili alla stregua di repellenti ospiti indesiderabili, ci porgono una domanda: possiamo ancora formulare l'idea di identità sulla base del concetto di individuo? Per millenni gli umani si sono concepiti come esseri unitari, ciascuno un uno, unico e irripetibile, con un nome e una interezza indivisibile. È ancora valida questa rappresentazione ora che siamo 1 + svariati miliardi di altri esseri distinti da noi ma residenti in noi, dai quali dipendiamo e che costituiscono in ciascun corpo una combinazione molto personalizzata? Credo proprio di no: non siamo più individui, siamo isole batteriche, siamo ecosistemi. Una rivoluzione.

E possiamo vivere bene solo se cominciamo a traghettarci verso una comprensione ecosistemica, verso comportamenti e soluzioni ecosistemiche. Che vuol dire cooperative, di “mutuo appoggio”[86].

La stessa armonia con cui ci affascina l’universo del microbiota la ritroviamo nella rete di micelio che unisce le radici di tutte le piante di una foresta consentendo loro di comunicare, nutrirsi, supportarsi[87]; nel concerto di funzioni connesse tra i sistemi del corpo[88]; nella trasmissione epigenetica di marcature dovute all’ambiente, alle cure parentali dei piccoli, alla nutrizione, allo stress, che intrecciano i destini delle generazioni e ci uniscono tanto sincronicamente che diacronicamente... tutto questo e molto molto altro concorre a costruire finalmente una nuova rappresentazione dell’essere, rintraccia una nuova *arché* e possiamo nutrirla dando voce alla stupefacente sinfonia del vivente. È la compresenza ed è viva e operante.

[86] Kropotkin, 2020.
[87] Stamets, 2011; Gilbert, 2019.
[88] Bottaccioli, 2014.

Riferimenti bibliografici

AA.VV., *Dieci parole della nonviolenza. Forza della Verità, Coscienza, Amore, Festa, Sobrietà, Giustizia, Liberazione, Potere di tutti, Bellezza, Persuasione*, Edizioni del Movimento Nonviolento, Verona 2003.

AA.VV., *Il confine inviolabile. La nonviolenza e il bisogno di identità*, la meridiana, Molfetta 1991.

AA.VV., "L'orizzonte aperto di Nanni Salio", *Azione Nonviolenta*, 2017, n. 1.

AA.VV., *La filosofia della nonviolenza. Maestri e percorsi nel pensiero moderno e contemporaneo*, Cittadella, Assisi 2006.

AA.VV., "La scuola che cambia la scuola", *Azione Nonviolenta*, 2019, n. 4.

AA.VV., "Memoria di Alberto L'Abate", *Azione Nonviolenta*, 2018, n. 5.

AA.VV., "Memoria e futuro", *Azione Nonviolenta*, 2018, n. 1.

AA.VV., "MLK da Atlanta a Memphis", *Azione Nonviolenta*, 2018, n. 2.

AA.VV., "Parole di Pietro Pinna", *Azione Nonviolenta*, 2017, n. 4.

AA.VV., *Un nome che cambia. La nonviolenza nella società civile*, la meridiana, Molfetta 1989.

AA. VV., "Vita di Pietro Pinna", allegato di *Azione Nonviolenta*, 2017, n. 4.

Altieri R., "Gandhi e il satyagraha in Sud Africa", *Azione Nonviolenta*, 2009, n. 8-9, pp. 23-25.

Altieri R., "La nonviolenza del forte", in *L'11 settembre di Gandhi. La luce sconfigge la tenebra*, a cura di R. Altieri, *Quaderni Satyagraha*, 2007, n. 12, pp. 11-27.

Id., *La rivoluzione nonviolenta. Biografia intellettuale di Aldo Capitini*, Biblioteca Franco Serantini, Pisa 2003.
Ammanniti M., Ferrari P. F., *Il corpo non dimentica. L'Io motorio e lo sviluppo della relazionalità*, Raffaello Cortina, Milano 2020.
Antonacci F., Guerra M. (a cura di), *Una scuola possibile. Studi ed esperienze intorno al Manifesto*, Una scuola, Franco Angeli, Milano 2018.
Arendt H., *Sulla violenza. L'immagine del presente*, trad. it., Mondadori, Milano 1971.
Arielli E., Scotto G., *Conflitto e mediazione*, Mondadori, Milano 2003.
Balducci E., *L'uomo planetario*, Cultura della Pace, San Domenico di Fiesole (FI) 1990.
Barbiero G. et al., *Di silenzio in silenzio. Una dimensione di incontro tra arte, pedagogia e scienza*, Anima Mundi, Cesena (FC) 2012.
Barbiero G., Berto R., *Introduzione alla biofilia. La relazione con la Natura tra genetica e psicologia*, Carocci, Roma 2016.
Barbiero G., *Ecologia affettiva. Come trarre benessere fisico e mentale dal contatto con la natura*, Mondadori, Milano 2017.
Bateson G., *Mente e natura*, trad. it., Adelphi, Milano 1984.
Battaglia L., *Alle origini dell'etica ambientale. Uomo, natura, animali in Voltaire, Michelet, Thoreau, Gandhi*, Dedalo, Bari 2002.
Bauman Z., *Modernità liquida*, trad. it., Laterza, Bari 2002.
Bello A., *La carezza di Dio. Lettera a Giuseppe*, la meridiana, Molfetta 1997.
Bello A., *Maria. Donna dei nostri giorni*, San Paolo, Cinisello Balsamo (Mi) 1993.
Berry W., *L'unico mondo che abbiamo*, trad. it., Piano B, Prato 2018.
Berry W., *Mangiare è un atto agricolo*, trad. it., Lindau, Torino 2015.
Bertinotti F., Menapace L., Revelli M., *Nonviolenza. Le ragioni del pacifismo*, Fazi, Roma 2004.

Bobbio N., *Elogio della mitezza e altri scritti morali*, Il Saggiatore, Milano 2006.
Bobbio N., *Il pensiero di Aldo Capitini. Filosofia, religione, politica*, Edizioni dell'Asino, Roma 2012.
Bobbio N., *Maestri e compagni*, Passigli, Firenze 1984.
Bobbio N., Matteucci G., Pasquino G. (a cura di), *Dizionario di politica*, vol. I, Istituto Geografico De Agostini, Novara 2006.
Bobin C., *Elogio del nulla*, trad. it., Servitium, Milano 2015.
Boff L., *Il creato in una carezza. Verso un'etica universale: prendersi cura delle terra*, Cittadella, Assisi 2000.
Bori P. C., Sofri G., *Gandhi e Tolstoj. Un carteggio e dintorni*, Il Mulino, Bologna 1985.
Bormolini G., *Accompagnatori e accompagnati. Condurre alla vita attraverso la morte*, EMP, Padova 2020.
Bormolini G., *Ars moriendi. Imparare a morire per imparare a vivere*, in Capozza D., Testoni I. (a cura di), *Dinanzi al morire. Percorsi interdisciplinari dalla ricerca all'intervento palliativo. Atti del Congresso Internazionale*, Padova University Press, Padova 2012, pp. 130-148.
Bottaccioli F., *Epigenetica e psiconeuroendocrinoimmunologia. Le due facce della Rivoluzione in corso nelle scienze della vita*, EDRA, Milano 2014.
Bourdieu P., Passeron J. C., *La riproduzione. Elementi per una teoria del sistema scolastico*, trad. it., Guaraldi, Rimini 1972.
Bowlby J., *Costruzione e rottura dei legami affettivi*, trad. it., Raffaello Cortina, Milano 1982.
Bravo A., *La conta dei salvati. Dalla Grande Guerra al Tibet: storie di sangue risparmiato*, Laterza, Roma-Bari 2013.
Byung-Chul Han, *Il profumo del tempo. L'arte di indugiare sulle cose*, trad. it., Vita e Pensiero, Milano 2017.
Calogero G., *Difesa del liberalsocialismo e altri saggi*, Marzorati, Milano 1972.
Cambi F., *Le pedagogie del Novecento*, Laterza, Bari-Roma 2005.

Cambi F., *Manuale di storia della pedagogia*, Laterza, Bari-Roma 2003.
Cambi F., Santelli Beccegato L. (a cura di), *Modelli di formazione. La rete teorica del Novecento pedagogico*, UTET, Torino 2004.
Cambi F., Striano M. (a cura di), *John Dewey in Italia. La ricezione/ripresa pedagogica*, Liguori, Napoli 2010.
Candiani C. L., *Questo immenso non sapere. Conversazioni con alberi, animali e il cuore umano*, Einaudi, Torino 2021.
Capitini A. (a cura di), *L'educazione civica nella scuola e nella vita sociale*, Laterza, Bari 1964a.
Capitini A., "Attraverso due terzi di secolo", *La cultura*, 1968a, n. 6, pp. 457-473.
Capitini A., "Il metodo di Danilo Dolci", *Scuola e città*, 1956a, n. 2, pp. 45-48.
Capitini A., *Antifascismo tra i giovani*, Célèbes, Trapani 1966a.
Capitini A., *Aspetti dell'educazione alla nonviolenza*, Pacini Mariotti, Pisa 1959.
Capitini A., *Atti della presenza aperta*, Sansoni, Firenze 1943.
Capitini A., *Battezzati non credenti*, Parenti, Firenze 1951a.
Capitini A., Binni W., *Lettere 1931-1968*, a cura di L. Binni e L. Giuliani, Carocci, Roma 2007.
Capitini A., *Colloquio corale*, Pacini Mariotti, Pisa 1956b.
Capitini A., *Danilo Dolci*, Lacaita, Manduria 1958.
Capitini A., *Discuto la religione di Pio XII*, Parenti, Firenze 1957.
Capitini A., *Educazione aperta*, vol. I, La Nuova Italia, Firenze 1967a.
Capitini A., *Educazione aperta*, vol. II, La Nuova Italia, Firenze 1968b.
Capitini A., *Il fanciullo nella liberazione dell'uomo*, Nistri Lischi, Pisa 1953.
Capitini A., *Il potere di tutti*, a cura di N. Bobbio, La Nuova Italia, Firenze 1969.

Capitini A., *Il problema religioso attuale*, Guanda, Parma 1948.
Capitini A., *Italia nonviolenta*, centro Studi Aldo Capitini, Perugia 1981.
Capitini A., *L'atto di educare*, La Nuova Italia, Firenze 1951b.
Capitini A., *L'educazione è aperta. Antologia degli scritti pedagogici*, a cura di G. Falcicchio, Levante, Bari 2008.
Capitini A., *La compresenza dei morti e dei viventi*, a cura di G. Falcicchio, D. Taurino, LEF, Firenze 2021.
Capitini A., *La religione dell'educazione. Scritti pedagogici di Aldo Capitini*, a cura di P. Giacché, la meridiana, Molfetta 2008.
Capitini A., *Le ragioni della nonviolenza*, a cura di M. Martini, ETS, Pisa 2004.
Capitini A., *Le tecniche della Nonviolenza*, Feltrinelli, Milano 1967b.
Capitini A., *Liberalsocialismo*, e/o, Roma 1996.
Capitini A., *Nuova socialità e riforma religiosa*, Einaudi, Torino 1950.
Capitini A., *Origine, caratteri e funzionamento dei C.O.S.*, Regione Umbria, Associazione Nazionale Amici di Aldo Capitini, Comune di Perugia, Perugia 1995.
Capitini A., *Religione aperta*, Neri Pozza, Vicenza 1964b[2].
Capitini A., *Rivoluzione aperta*, Parenti, Milano 1956c.
Capitini A., *Scritti filosofici e religiosi*, a cura di M. Martini, Fondazione Centro Studi Aldo Capitini – Protagon, Perugia 1998a.
Capitini A., *Scritti sulla nonviolenza*, a cura di L. Schippa, Fondazione Centro Studi Aldo Capitini – Protagon, Perugia 1998b.
Capitini A., *Severità religiosa per il Concilio*, De Donato, Bari 1966b.
Capitini A., Dolci D., *Lettere 1952-1968*, a cura di G. Barone e S. Mazzi, Carocci, Roma 2008.
Capra F., *Il punto di svolta. Scienza, società e cultura emer-*

gente, trad. it., Ferltrinelli, Milano 2012.
Capra F., *La scienza della vita. Le connessioni nascoste fra la natura e gli esseri viventi*, BUR, Milano 2002.
Caracciolo M., *Aldo Capitini e Giorgio La Pira. Profeti di pace sul sentiero di Isaia*, Milella, Lecce 2008.
Caravà P., *Il lavoro manuale. Orgoglio e pregiudizi*, Guerini, Milano 2014.
Carchella L., Chinzari S., *Le mani in movimento. Risvegliare, educare e imparare con il lavoro manuale*, Arcobaleno, Milano 2019.
Carson R., *Primavera silenziosa*, trad. it., Feltrinelli, Milano 2019.
Cassano F., *Approssimazione. Esercizi di esperienza dell'altro*, Il Mulino, Bologna 1989.
Catarci M., *Il pensiero disarmato. La pedagogia della nonviolenza di Aldo Capitini*, EGA, Torino 2007.
Chiechi L. M., *La scoperta della salute. La visione sistemica coevolutiva*, Ediself, Bari 2018.
Codello F., Stella I., *Liberi di imparare. Le esperienze di scuola non autoritaria in Italia e all'estero raccontate dai protagonisti*, Terra Nuova, Firenze 2011.
Comina F., *Il cerchio di Panikkar*, la meridiana, Molfetta 2020.
Conner C. D., *Storia popolare della scienza. Minatori, levatrici e "gente meccanica"*, trad. it., Tropea, Milano 2008.
Cozzo A., *Conflittualità nonviolenta. Filosofia e pratiche di lotta comunicativa*, Mimesis, Milano 2004.
Crary J., *24/7. Il capitalismo all'assalto del sonno*, trad. it., Einaudi, Torino 2015.
Criado Perez C., *Invisibili. Come il nostro mondo ignora le donne in ogni campo. Dati alla mano*, trad. it. Einaudi, Torino 2020.
Curzi F., *Vivere la nonviolenza. La filosofia di Aldo Capitini*, Cittadella, Assisi 2004.
Cutini C., *Aldo Capitini. Uno schedato politico*, Editrice Umbra, Perugia 1988.

De Certeau M., *L'invenzione del quotidiano*, trad. it., Edizioni Lavoro, Roma 2001.
De Martino E., *Il mondo magico*, Einaudi, Torino 1948.
De Martino E., *Morte e pianto rituale nel mondo antico: dal lamento pagano al pianto di Maria*, Boringhieri, Torino 1958.
Dema S., *Elogio del tempo perso. Giochi e proposte per restituire ai bambini il tempo per scoprire, crescere. E ri-creare*, la meridiana, Molfetta 2013.
Dewey J., *Democrazia e educazione*, trad. it., La Nuova Italia, Firenze 1953.
Dewey J., *Il mio credo pedagogico. Antologia di scritti sull'educazione*, trad. it., La Nuova Italia, Firenze 1954.
Dewey J., *La scuola e il fanciullo*, trad. it., La Nuova Italia, Firenze 1975.
Dewey J., *Scuola e società*, trad. it., Newton Compton, Roma 1976.
Dolci D., *Creatura di creature. Poesie 1949-1978*, Feltrinelli, Milano 1979.
Dolci D., *Dal trasmettere al comunicare*, Sonda, Milano 2011.
Dolci D., *Inventare il futuro*, Laterza, Bari 1969.
Dolci D., *Poema umano*, Einaudi, Torino 1974.
Falchinelli E., Muraro Vaiani L., Sartori G. (a cura di), *L'erba voglio. Pratica non autoritaria nella scuola*, Einaudi, Torino 1971.
Falcicchio G. (a cura di), *Il primo sguardo. Prime ore di vita, cure prossimali e affettività*, a cura di G. Falcicchio, Fasi di Luna, Bari 2014, pp. 7-46.
Falcicchio G. (a cura di), *La donna-che-genera. Percorsi di riflessione e ricerca sul nascere*, Fasi di Luna, Bari 2018a.
Falcicchio G. (a cura di), *La pedagogia di Aldo Capitini tra profezia e liberazione. Atti del Convegno*, Kairòs, Siena 2008.
Falcicchio G., "Culture della terra nella contemporaneità tra ritorno a legami ombelicali, reti solidali e cittadinanza resistente", in Semerari F. (a cura di), *Stili di vita, senso della*

vita, Guerini, Milano 2015, pp. 75-101.
Falcicchio G., "Dalla *Weltanschauung* della scissione alla *Weltanschauung* del legame: per un'educazione che custodisca il respiro della Terra", in Semerari F. (a cura di), *L'esclusione. Analisi di una pratica diffusa*, Quodlibet, Macerata 2020a, pp. 21-59.
Falcicchio G., "Human relations in a nonviolent perspective between 'openess to thou' and creative management of conflitcs", *Polis. Revistă de Ştiinţe Politice*, 2016, IV, n. 3, pp. 15-22.
Falcicchio G., "Nascere e crescere si fanno sul confine. Per una riconciliazione con le terre di mezzo, dal periodo perinatale al futuro dell'umanità", in Di Cintio M., Lucivero M. (a cura di), *Attraverso i confini del pensiero. Riflessioni sul presente*, Aracne, Roma 2020b, pp. 189-215.
Falcicchio G., "Pensiero e azione nonviolenti: la partecipazione dal basso che tramuta la vita della polis", in Carrera L. (a cura di), *Fare o non fare politica*, Guerini, Milano 2010a, pp. 55-67.
Falcicchio G., "Questo animale che portiamo con noi: il corpo e l'educazione alla corporeità tra finitudine e trasfigurazione. Una lettura critica", in *Il pensiero e le opere di Aldo Capitini nella coscienza delle nuove generazioni*, G. Moscato (a cura di), Levante, Bari 2010b, pp. 79-94.
Falcicchio G., Barbiero G., "L'apertura amorevole alla Natura. Il valore morale della biofilia in Aldo Capitini", *Culture della Sostenibilità*, 2015, n. 16, pp. 142-156.
Falcicchio G., Barbiero G., "Loving openness towards Nature: Aldo Capitini and the moral value of biophilia", *Visions for Sustainability*, 2015, n. 3, pp. 5-15.
Falcicchio G., *I figli della festa. Educazione e liberazione in Aldo Capitini*, Levante, Bari 2009.
Falcicchio G., Manolache V. (eds.), *Concepts and values of nonviolence*, numero monografico di *Polis. Revistă de Ştiinţe Politice*, 2016, IV, n. 3.
Falcicchio G., Moscati G. (a cura di), *Il pensiero di Aldo*

Capitini: percorsi di ricerca, numero monografico di *Educazione Democratica. Rivista di pedagogia politica*, 2014, n. 8.
Falcicchio G., *Profeti scomodi, cattivi maestri. Imparare a educare* con *e* per *la nonviolenza*, la meridiana, Molfetta 2018b.
Falcicchio G., Taurino D. (a cura di), *Non dare la morte né col pensiero né con l'atto*, numero monografico di *Educazione aperta. Rivista di pedagogia critica*, 2019, n. 5.
Foucault M., *Sorvegliare e punire. Nascita della prigione*, trad. it., Einaudi, Torino 2014.
Fox M., *La spiritualità del creato. Manuale di mistica ribelle*, trad. it., Gabrielli, San Pietro in Cariano (VR) 2016.
Galtung J., *Affrontare il conflitto. Trascendere e trasformare*, Pisa University Press, Pisa 2014.
Galtung J., *Pace con mezzi pacifici*, trad. it., Esperia, Milano 2000.
Gamelli I., *Il sapere del corpo. Saggi per l'educazione*, Ipoc, Milano 2016.
Gandhi M. K., *Teoria e pratica della nonviolenza*, trad. it., a cura di G. Pontara, Einaudi, Torino 1996.
Gandhi M. K., *Villaggio e autonomia. La nonviolenza come potere del popolo*, trad. it., Libreria Editrice Fiorentina, Firenze 1982.
Gesualdi F., *La società del benessere comune. Rivoluzione personale e cambiamento sociale per vivere meglio senza consumare sempre di più*, Arianna, Bologna 2017.
Giannini A., *Lynn Margulis. La scoperta dell'evoluzione come cooperazione*, L'Asino d'oro, Roma 2021.
Gilbert M., *Fantastic Fungi: How Mushrooms Can Heal, Shift Consciousness & Save the Planet: How Mushrooms Can Heal, Shift Consciousness, and Save the Planet*, Earth Aware, San Rafael, 2019.
Glasl F., *Auto-aiuto nei conflitti. Modelli, esercizi, metodi pratici*, trad. it., Editpress, Firenze 2019.
Gola G., "Per uno sguardo lento sull'educazione", *Educazione. Giornale di pedagogia critica*, 2021, n. 2, pp. 80-95.

Gregg R. B., *Il valore della semplicità volontaria*, Castelvecchi, Roma 2012.
Gregg R. B., *The power of nonviolence*, Forgotten Books, London 2018.
Guanzini I., *Tenerezza. La rivoluzione del potere gentile*, Salani, Milano 2017.
Hannah-Jones N., "La conquista dell'America", *Internazionale*, 2019, n. 1328, www.internazionale.it/notizie/nikole-hannah-jones/2020/05/08/conquista-america-schiavitu.
Illich I., *Descolarizzare la società*, trad. it, Mondadori, Milano 1972.
Illich I., *Elogio della bicicletta*, trad. it., Bollati Boringhieri, Torino 2006.
Illich I., *La convivialità*, trad. it., red!, Cornaredo (Mi) 2014a.
Illich I., *La convivialità. Una proposta libertaria per una politica dei limiti allo sviluppo*, trad. it., red!, Roma 2014b.
Illich I., *La perdita dei sensi*, trad. it., Libreria Editrice Fiorentina, Firenze 2013.
King M. L., *Dove stiamo andando: verso il caos o la comunità?*, trad. it., SEI, Torino 1970.
King M. L., *La forza dell'amore*, trad. it., SEI, Torino 1963.
King M. L., *Lettera dal carcere di Birmingham. Pellegrinaggio alla nonviolenza*, Edizioni del Movimento Nonviolento, Verona 1993.
Klaus M. H., Kennell J. H., Klaus P. H., *Dove comincia l'amore. I primi contatti con il neonato*, trad. it., Bollati Boringhieri, Torino 1998.
Korczak J., *Il diritto del bambino al rispetto*, trad. it., Luni, Milano 2004.
Kropotkin P. A., *Il mutuo appoggio. Un fattore dell'evoluzione*, trad. it., Eleuthera, Milano 2020.
L'Abate A., *Per un futuro senza guerre*, Liguori, Napoli 2008.
Langer A., *Il viaggiatore leggero. Scritti 1961-1995*, Sellerio, Palermo 1996.

Langer A., *Minima personalia*, Fondazione Langer, Bolzano 2004.
Langer A., *Pacifismo concreto. La guerra in ex Jugoslavia e i conflitti etnici*, Edizioni dell'Asino, Roma 2012.
Lanza del Vasto, *Che cos'è la nonviolenza*, trad. it., Jaka Book, Milano 1978.
Lanza del Vasto, *Lezioni di vita*, trad. it., Libreria Editrice Fiorentina, Firenze 1980.
Latouche S., *Breve storia della decrescita. Origini, obiettivi, malintesi e futuro*, trad. it., Bollati Boringhieri, Torino 2021.
Latouche S., *La decrescita prima della decrescita. Precursori e compagni di strada*, Bollati Boringhieri, Torino 2016.
Lawson J. M. jr., Honey M. K., Wong K., *Revolutionary nonviolence. Organizing for freedom*, University of California Press, Oakland (Ca) 2022.
Le Breton D., *Il sapore del mondo. Un'antropologia dei sensi*, Raffaello Cortina, Milano 2007.
Le Breton D., *Sovranità del silenzio*, trad. it., Mimesis, Milano 2016.
Lipovetsky G., *Una felicità paradossale. Sulla società dell'iperconsumo*, Raffaello Cortina, Milano 2007.
Liss J., *La comunicazione ecologica. Manuale per la gestione di gruppi di cambiamento sociale*, trad. it., la meridiana, Molfetta 2016.
Lodi M., *C'è speranza se questo accade al Vho*, Laterza, Roma-Bari 2022.
Lombardo Radice G., *Il concetto dell'educazione*, Battiato, Catania 1916.
Lombardo Radice G., *Pedagogia di apostoli e operai*, Laterza, Bari 1952.
Lorenzoni F., *I bambini ci guardano. Una esperienza educativa controvento*, Sellerio, Palermo 2019.
Lorenzoni F., *I bambini pensano grande. Cronaca di una avventura pedagogica*, Sellerio, Palermo 2014.
Louv R., *L'ultimo bambino nei boschi*, trad. it., Rizzoli, Milano 2006.

Lovelock J., *Gaia. Nuove idee sull'ecologia*, trad. it., Bollati Boringhieri, Torino 2021.
Lovelock J., *Omaggio a Gaia*, trad. it., Bollati Boringhieri, Torino 2002.
Lucangeli D., *La mente che sente. A tu per tu: dialogando in vicinanza, nonostante tutto*, Erikson, Trento 2021.
Lucangeli, D., *Cinque lezioni leggere sull'emozione di apprendere*, Erikson, Trento 2019.
Macy J., Johnstone C., *Speranza attiva. Per un attivismo consapevole e nonviolento, in grado di far crescere la coscienza e arginare il degrado del Pianeta*, trad. it., Terra Nuova, Firenze 2021.
Manara F. C., *Una forza che dà vita. Ricominciare con Gandhi in un'età di terrorismi*, Unicopli, Milano 2006.
Manara F. C., "Johannesburg, 11 settembre 1906: il problema delle origini del satyagraha", in *L'11 settembre di Gandhi. La luce sconfigge la tenebra*, a cura di R. Altieri, *Quaderni Satyagraha*, 2007, n. 12, pp. 29-46.
Manara F.C., "Un concorso per inventare la parola giusta per definire il movimento. La 'nascita' del Satyagraha, IV, gennaio 1908", *Azione Nonviolenta*, 2008 n. 1/2, pp. 14-16.
Mancuso S., *La nazione delle piante*, Laterza, Roma-Bari 2019.
Mancuso S., Viola A., *Verde brillante. Sensibilità e intelligenza del mondo vegetale*, Giunti, Firenze 2015.
Mannu G. (a cura di), *Gli inediti sardi di Aldo Capitini filosofo morale*, Franco Angeli, Milano 2012.
Mantegazza R., *I buchi neri dell'educazione. Storia, politica, teoria*, Elèuthera, Milano 2006.
Mantegazza R., *Pedagogia della morte. L'esperienza del morire e l'educazione al congedo*, Città Aperta, Enna 2004.
Mantegazza R., *Pedagogia della resistenza. Tracce utopiche per educare a resistere*, Città Aperta, Troina 2003.
Marcucci E., *Che cos'è il vegetarismo?*, Edizioni dell'Asino, Roma 2012.
Margulis L., Sagan D., *Nascita ed evoluzione della vita*, trad.

it., Fabbri, Milano 1983.
Margulis L., *Symbiotic Planet. A New Look at Evolution*, Basic Books, New York 1998.
Martinetti P., *Saggi e discorsi*, Libreria Editrice Lombarda, Milano 1929.
Michelstaedter C., *La persuasione e la rettorica*, Adelphi, Milano 1982.
Milgram S., *Obbedienza all'autorità. Il celebre esperimento di Yale sul conflitto tra disciplina e coscienza*, trad. it., Bompiani, Milano 1975.
Miller A., *Il bambino inascoltato. Realtà infantile e dogma psicanalitico*, trad. it., Bollati Borighieri, Torino 1989.
Miller A., *La fiducia tradita. Violenza e ipocrisie dell'educazione*, trad. it., Garzanti, Milano 1991.
Miller A., *La persecuzione del bambino. Le radici della violenza*, trad. it., Bollati Borighieri, Torino 1987.
Montagu A., *Il linguaggio della pelle. Il senso del tatto nello sviluppo fisico e comportamentale del bambino*, trad. it., Verdechiaro, Baiso (RE) 2015.
Montessori M., *Educazione per un mondo nuovo*, Garzanti, Milano 2018.
Montessori M., *La mente del bambino*, Garzanti, Milano 1999a.
Montessori M., *La scoperta del bambino*, Garzanti, Milano 1999b.
Mortari L., *Filosofia della cura*, Raffaello Cortina, Milano 2015.
Mortari L., *La politica della cura*, Raffaello Cortina, Milano 2021.
Mortari L., *La pratica dell'aver cura*, Mondadori, Milano 2006.
Moscati G. (a cura di), *Il pensiero e le opere di Aldo Capitini nella coscienza delle nuove generazioni*, Levante, Bari 2010c.
Mottana P., Campagnoli G., *La città educante. Manifesto della educazione diffusa. Come oltrepassare la scuola*, Asterios, Trieste 2017.

Muller J. M., *Il principio nonviolenza. Una filosofia della pace*, trad. it., Plus – Pisa University Press, Pisa 2004.
Neill A. S., *I ragazzi felici di Summerhill. L'esperienza della scuola non repressiva più famosa al mondo*, trad. it., red!, Cornaredo (Mi) 2012.
Panikkar R., *Pace e disarmo culturale*, Rizzoli, Milano 2002a.
Panikkar R., *Pace e interculturalità. Una riflessione filosofica*, Jaka Book, Milano 2002b.
Parodi M. (a cura di), *Gli adulti sono bambini andati a male*, Sonda, Casale Monferrato 2013.
Parodi M., *Basta compiti! Non è così che si impara*, Sonda, Casale Monferrato (Al) 2012.
Parodi M., *La scuola che fa male*, Liberodiscrivere, Genova 2009.
Patfoort P., *Difendersi senza aggredire. La potenza della nonviolenza*, trad. it., Pisa University Press, Pisa 2012.
Pesare F., *Jean-Jacques Rousseau. Educare alla verità*, Progedit, Bari 2012.
Pileri P., *Progettare la lentezza*, People, Busto Arstizio (Va) 2020.
Pinker S., *The Better Angels of Our Nature. Why Violence Has Declined*, Viking Penguin, New York 2011.
Pinna P., *La mia obbiezione di coscienza*, Edizioni del Movimento Nonviolento, Verona 1994.
Pironi T., *La pedagogia del nuovo di Aldo Capitini: tra religione ed etica laica*, Clueb, Bologna 1991.
Polito P., *L'eresia di Aldo Capitini*, Stylos, Aosta 2001.
Polito P., *La forza della coscienza. Storia di una persuasione: Claudio Baglietto e Aldo Capitini*, Biblion, Milano 2020.
Pomi M., *Al servizio dell'impossibile. Un profilo pedagogico di Aldo Capitini*, La Nuova Italia, Firenze 2005.
Pontara G., "Note sulla nonviolenza come azione e come pensiero", *Parolechiave*, 2008, n. 4, pp. 1-21.
Pontara G., *Guerre, disobbedienza civile, nonviolenza*, EGA, Torino 1996.
Pontara G., *L'antibarbarie. La concezione etico-politica di*

Gandhi e il XXI secolo, EGA, Torino 2006a.
Pontara G., voce "Nonviolenza", in N. Bobbio, N. Matteucci, G. Pasquino (a cura di), *Dizionario di politica*, De Agostini, Novara 2006b.
Prescott S. L., Logan A. C., "Down to Earth: Planetary Health and Biophilosophy in the Symbiocene Epoch", *Challenges*, 2017.
Providenti G. (a cura di), "La nonviolenza delle donne", numero monografico di *Quaderni Satyāgraha*, 2006, n. 10.
Pugliese P., *Introduzione alla filosofia della nonviolenza di Aldo Capitini. Elementi per la liberazione dalla violenza*, goWare, Firenze 2018.
Pulcini E., *La cura del mondo*, Bollati Boringhieri, Torino 2009.
Putignano G., *L'esistenza al bivio*, Stamen, Roma 2015.
Reich W., *Ascolta, piccolo uomo*, trad. it., Sugarco, Varese 1994.
Reich W., *Bambini del futuro*, trad. it., Sugarco, Varese 1987.
Rifkin J., *La civiltà dell'empatia. La corsa verso la coscienza globale nel mondo in crisi*, trad. it., Mondadori, Milano 2010.
Romano L., *La pedagogia di Aldo Capitini e la democrazia. Orizzonti di formazione per l'uomo nuovo*, Franco Angeli, Milano 2014.
Rosa H., *Accelerazione e alienazione. Per una teoria critica del tempo nella tarda modernità*, trad. it., Einaudi, Torino 2015.
Rosenberg M. B., *Educazione reciproca*, Esserci, Reggio Emilia 2009.
Rosenberg M. B., *Le parole sono finestre [oppure muri]. Introduzione alla Comunicazione Nonviolenta*, trad. it., Esserci, Reggio Emilia 2003.
Salio G., *Il potere della nonviolenza. Dal crollo del muro di Berlino al nuovo disordine mondiale*, EGA, Torino 1995.
Salmeri S., *Lezioni di pace. Ripensare la criticità dialogica*

attraverso il contributo di Aldo Capitini, Euno, Enna 2011.
Santelli Beccegato L., *Interpretazioni pedagogiche e scelte educative*, La Scuola, Brescia 1998.
Sapio A. (a cura di), *Per una psicologia della pace. Nuove prospettive psicologiche per approcci integrati interdisciplinari*, Franco Angeli, Milano 2004.
Sapolsky R. M., *Perché alle zebre non viene l'ulcera?*, trad. it., Castelvecchi, Roma 2018.
Secci C., "Aldo Capitini, l'Educazione Nuova e la pedagogia del Novecento. Un confronto con Dewey e Montessori", in *Il pensiero di Aldo Capitini: percorsi di ricerca*, numero monografico di *Educazione democratica*, a cura di G. Falcicchio e G. Moscati, 2014, n. 8, pp. 84-102.
Semerari F. (a cura di), *L'esclusione. Analisi di una pratica diffusa*, Quodlibet, Macerata 2020.
Sharp G., *Politica dell'azione nonviolenta. La dinamica*, trad. it., EGA, Torino 1997.
Sharp G., *Politica dell'azione nonviolenta. Le tecniche*, trad. it., EGA, Torino 1986.
Sharp G., *Politica dell'azione nonviolenta. Potere e lotta*, trad. it., EGA, Torino 1985.
Sisto D., *La morte si fa social. Immortalità, memoria e lutto nell'epoca della cultura digitale*, Bollati Boringhieri, Torino 2018.
Sofri G., *Gandhi in Italia*, Il Mulino, Bologna 1988.
Spitz R. A., *Il primo anno di vita del bambino*, trad. it., Giunti Barbera, Firenze 1962.
Stamets P., *Mycelium Running: How Mushrooms Can Help Save the World*, Ten Speed, Berkeley 2011.
Steiner R., *Educazione del bambino e preparazione degli educatori*, trad. it., Editrice Antroposofica, Milano 2010.
Suriano L., *Lasciarsi ribaltare. La Scuola è aperta a tutti*, la meridiana, Molfetta 2020.
Taurino D., "Il Leopardi persuaso di Aldo Capitini", in Boi L., Schwibach S. (a cura di), *"Il primo fonte della felicità umana". Leopardi e l'immaginazione*, Istituto Italiano per gli

Studi Filosofici Press, Napoli 2021.
Taurino D., "La via della persuasione con Carlo Michelstaedter e Aldo Capitini", *Educazione Democratica. Rivista di Pedagogia Politica*, 2014, n. 8, pp. 15-34.
Taurino D., "Nonviolent words. Introduction to a glossary for a Capitinian lexicon", *Polis. Revistă de Ştiinţe Politice*, 2016, IV, n. 3, pp. 23-38.
Testoni I., *L'ultima nascita. Psicologia del morire e* Death Education, Bollati Boringhieri, Torino 2015.
Thoreau H. D., *Walden. Vita nel bosco*, trad. it., Donzelli, Roma 2005.
Thoreau H. D., *Camminare*, trad. it., Mondadori, Milano 2009.
Thoreau H. D., *La disobbedienza civile*, trad. it., La Vita Felice, Milano 2009.
Tolstoj L. N., *Il regno di Dio è in voi*, trad. it., Manca, Genova 2003.
Tonucci F., "Perché i bambini devono partecipare al governo della città?", in Mortari L. (a cura di), *Educare alla cittadinanza partecipata*, Mondadori, Milano 2008, pp. 69-97.
Tonucci F., *La città dei bambini. Un modo nuovo di pensare la città*, Laterza, Roma-Bari 1996.
Tortoreto A., *La filosofia di Aldo Capitini. Dalla compresenza alla società aperta*, Clinamen, Firenze 2005.
Truini F., *Aldo Capitini. Le radici della nonviolenza*, Il margine, Trento 2011.
Twenge J. M., *Iperconnessi. Perché i ragazzi di oggi crescono meno ribelli, più tolleranti, meno felici e del tutto impreparati a diventare adulti*, trad. it., Einaudi, Torino 2018.
Unicef, *La condizione dell'infanzia nel mondo 2021. Nella mia mente: promuovere, tutelare e sostenere la salute mentale dei bambini e dei giovani*, 2021.
Vaneigem R., *La scuola è vostra*, trad. it., Marotta&Cafiero, Melito di Napoli 2020.
Vigilante A., *Il pensiero nonviolento. Una introduzione*, Edizioni del Rosone, Foggia 2004.

Vigilante A., *La realtà liberata. Escatologia e nonviolenza in Capitini*, Edizioni del Rosone, Foggia 1999.
Visalberghi A., *Scuola aperta*, La Nuova Italia, Firenze 1960.
Vygotskij L. S., *Pensiero e linguaggio*, trad. It., Giunti Barbera, Firenze 1980.
Weber M., *La scienza come professione. La politica come professione*, trad. it., Einaudi, Torino 2004.
Wilson E. O., *Biofilia. Il nostro legame con la natura*, trad. it., Piano B, Prato 2021.
Winnicott D. W., *I bambini e le loro madri*, trad. it., Raffaello Cortina, Milano 1987.
Zambrano M., *Filosofia e poesia*, trad. it., Pendragon, Bologna 1998.
Zanga G., *Aldo Capitini*, L'età dell'Acquario, Torino 1988.
Zavalloni G., *La pedagogia della lumaca. Per una scuola lenta e nonviolenta*, EMI, Bologna 2009.
Zuboff S., *Il capitalismo della sorveglianza. Il futuro dell'umanità nell'era dei nuovi poteri*, trad. it., Luiss University Press, Roma 2019.

la meridiana,
a partire
dai vissuti,
dalle inquietudini,
dalle marginalità
un itinerario
di ricerca e
di incontro
possibile per tutti:
dall'identità alla relazione
dal potere
alla nonviolenza radicale.

Finito di stampare nel mese di gennaio 2022
presso Services4media s.r.l. - Bari